アスペルガー症候群・高機能自閉症の人の ハローワーク

能力を伸ばし最適の仕事を見つけるための職業ガイダンス

著
テンプル・グランディン
ケイト・ダフィー

監修
梅永雄二

訳
柳沢圭子

明石書店

DEVELOPING TALENTS:
Careers for Individuals with
Asperger Syndrome and High-Functioning Autism
by Temple Grandin and Kate Duffy
Copyright © 2004 Autism Asperger Publishing Co.

Japanese translation published by arrangement
with Autism Asperger Publishing Company
through The English Agency (Japan) Ltd.

序文

　アスペルガー症候群または高機能自閉症の大人のうち、自分の知的能力や適性に見合った仕事を長く続けている人の割合は、あまり高くありません。つまり潜在的な才能が活かされていないわけで、実にもったいない話です。アメリカの労働力には、アスペルガー症候群や自閉症の人たちの貴重な能力が必要なのです。

　テンプル・グランディン（Temple Grandin）は、自閉症スペクトラム障害ならではの資質を活かし、すばらしい職業を得ることができた先駆者です。本書はテンプル自身に少し似ています。実際的で、見識に満ち、前向きなのです。ケイト・ダフィー（Kate Duffy）——キャリア設計のスペシャリスト——とテンプルが書いたこの本は、高機能自閉症やアスペルガー症候群の大人たち自身はもちろん、その親や教師、雇用斡旋機関にとっても大いに参考になるでしょう。

　本書では、テンプル自身の経験に基づくアドバイスや実例に加えて、やはり高収入でやりがいのある職業を得た、ほかの自閉症、アスペルガー症候群の大人たちのアドバイスも紹介しています。いい職業に就けば、収入と自立を確保できることは言うまでもありませんが、私はもうひとつ大きなメリットを挙げたいと思います。臨床家として気づいたことですが、アスペルガー症候群の大人は、社会的ネットワークよりも職業で自分を定義する傾向があります。つまり、こうした人たちの自尊心は仕事の質に基づいているのです。ですから、この集団におけるうつの一因が、やりがいのあるいい職業に就いていないことだというのは意外ではありません。本書は高機能自閉症やアスペルガー症候群の人のほか、その家族と身近な人たちの生活の質を大いに高める可能性を秘めています。

2004年3月

　　　　　　　　　　　　　トニー・アトウッド（Tony Attwood）

はじめに

　本書は、テンプル・グランディンとカーステン・マクブライド（Kirsten McBride）——本書の編集者——が、2002年のある会議でたまたま出会ったことから始まった共同プロジェクトです。この時グランディン博士は、同じ仕事を長く続ける自閉症スペクトラムの人が非常に少ないことや、多くの人が能力に見合った職を得ていないことに対する不満を、マクブライドと語りはじめました。才能を伸ばしさえすればもっと楽に仕事を見つけられるのに、というのがグランディン博士の言い分でした。本当はそれについて本を書きたいのだけれど、時間がないのだとも話していました。

　そこで私にお声がかかったのです。私はこの12年間、キャリアに関する文章を書いたり、キャリア設計の方法と職業の調べ方を何百人もの大学生に教えたりしてきました。私はその人に合う職業、その人にとって有意義な職業を見つけるお手伝いをするのが好きなのです。ですから、自分がどういう人間で、何が一番得意なのかを段階的に発見していくプロセスは、当然、重要なものだと思いました。それでこのプロジェクトに参加したのです。けれども真の決め手となったのは、グランディン博士と一緒に書く本が、息子たちの手助けになるかもしれないということでした。息子は2人とも感覚統合障害〔味覚や嗅覚、触覚などの感覚が健常の人とやや異なる〕をもっていて、自閉症の明らかな特質もいくつか呈しています。私は息子たちの将来を案じ、大人になったらどんなふうに生きていくのだろうか、と夜中まで心配する日々を送るようになっていました。

　でも、いまではそれほど心配していないと言えるようになりました。このプロジェクトに参加したおかげで、息子たちによりよい未来があることに気づいたと言えるようになったのです。また、私はほかの親御さんが同じ立場を経験してきたことを知っています。わが子を深く愛し、わが子の幸せを思っている私たち全員が、強さを

もち合わせていることを知っています。

　以上が本書の誕生の経緯(いきさつ)です。グランディン博士と私が互いの専門知識をもち寄り、その共同作業からこの本が生まれました。この本によって、読者の皆さんとそのご家族が私と同じくらい心の安らぎを得られるよう願っています。

ミズーリ州カンザスシティ
ケイト・ダフィー

アスペルガー症候群・高機能自閉症の人のハローワーク
目 次⊙

序文（トニー・アトウッド）……*3*
はじめに……*4*
序　章……*11*

第1章　自閉症スペクトラム障害と職場で表れる影響

自閉症の定義と原因……………………………………………*23*
自閉症のタイプ……*25*
主な問題……*27*

第2章　職場に適応するには

感覚系…………………………………………………………*30*
職場での感覚上の問題……*32*
音に対する敏感性……*33*
視覚の敏感性……*37*
触覚の敏感性……*39*
嗅覚の敏感性……*40*

その他の手段…………………………………………………*41*
聴音療法……*41*
アラート・プログラム……*41*

怒りをこらえるには……………………………………42
　　薬物療法………………………………………………45
　　職場で必要なソーシャルスキル……………………48
　　　　ほかの人とうまくやっていくには……50
　　　　上司に関する問題……55
　　職場での管理能力……………………………………57
　　　　人生の全体像……57
　　　　仕事で成功するには……60
　　　　結論……64

・・

第3章　仕事で成功するためのルール

　　ルール1　自分の強みと弱みを知ること……71
　　ルール2　計画を立てておくこと……72
　　ルール3　作品集を作り、自分の仕事を見せること……73
　　ルール4　仕事探しに役立つので、どんな才能でも伸ばすこと……75
　　ルール5　正規の採用ルートではなく、ありとあらゆる非公式のルートから労働市場に入る覚悟を決めること！……76
　　ルール6　身なりを整え、好ましい態度で、時間どおりに仕事を始めること……78
　　　　結論……79

・・

第4章　好きな仕事を見つけるには

　　親は大きな役割を担っています……80
　　才能を伸ばしましょう……82

子どもの学校と協力すること……83
　　　メンター……83
　　　自分の強みを見つけましょう……85
　　　おもしろそうな職場を訪問してみましょう……86
　　　結論……87

第5章　理想の仕事を探すには

　　　自分を知りましょう……89
　　　自分のコミュニティを知りましょう……96
　　　目的の業界について知りましょう……102
　　　結論……102

第6章　一番得意なことを仕事にしましょう

思考様式……………………………………………………106
　　　興味のあることを追求しましょう……109
　　　ソーシャルスキル……110
　　　金銭などの記録管理……110
21世紀の経済………………………………………………111
　　　知識経済……111
　　　生涯学習……112

第7章　自閉症スペクトラムの人に最適の仕事

　　　ある自閉症スペクトラムの人がたどった職業遍歴………114
　　　働く人たちの話を聞き、その経験から学びましょう……120

- ▶ 航空機整備士……122
- ▶ 芸術家……125
- ▶ 大学教員……128
- ▶ コンピューター・プログラマー……132
- ▶ 製図……134
- ▶ 起業家……139
- ▶ 財務会計・記録管理……142
- ▶ グラフィックアートのデザイン……146
- ▶ 冷暖房・換気・空調技術者……149
- ▶ 情報機器の修理……152
- ▶ 学習に関するスペシャリスト……155
- ▶ 図書館職員……157
- ▶ 印刷業……161
- ▶ 生物学・医学分野の研究科学者……163
- ▶ 通訳／翻訳……166
- ▶ 獣医助手とベテリナリー・テクニシャン……169

**付録　自閉症またはアスペルガー症候群を、
　　　どんな場合に雇用主に表明するか**

障害を表明するとしたら、いつするか……………………173
仕事についてのヒント………………………………176
日本における就労支援の相談機関…………………177
　地域障害者職業センター……177
　発達障害者支援センター……182
　若者サポートステーション……188

　参考文献……193
　監修者あとがき……195

序　章

　自閉症に関する会議に出席するたび、私は愕然とします。自閉症スペクトラムでも高機能の人の多くが、無職でいるか、能力に見合った職を得ていないからです。私の場合、働くことは人生でとても重要な位置を占めているため、この状況はとても気にかかります。重要な職業でも、そうでない職業でも、仕事がなければ私の人生には面白味も充足感もなくなってしまうでしょう。仕事があれば、私たちは自分に多くのものを与えてくれた家族や地域社会に還元できるということに気づきます。
　ただ、自閉症スペクトラム障害のある人だって有意義な仕事ができるのだと言ったところで、多くの人には非現実的に聞こえるでしょう。その点は私も承知しています。でも、自閉症をもちながら10年以上自営で家畜設備の設計業を営み、大学で非常勤の教員も務めてきた私は、それが可能だと知っているし、実際にそうするべきだと思います。第一、「自閉症が人生のすべて」なんて嫌でしょう。そんな状態になるのは健全でもなければ、賢明でもありません。能力のある人は社会に出て仕事に就くべきだと思います。
　同じくらい重要なのは、自閉症スペクトラム障害のある人が仕事の世界に入るなどして社会に貢献しなければ、社会の方も損をするということです。世界で最高クラスの頭脳の持ち主や、とりわけ優れた発明・芸術・思想を生み出した人の一部は、自閉症の特質をもっています。例えばアルバート・アインシュタインとビンセント・バン・ゴッホは、いずれも幼児期に発達上の異常をいくつか示していました。これについては私の前著『自閉症の才能開発──自閉症と天才をつなぐ環』（原著1995年。邦訳はカニングハム久子訳、学習研究社、1997年）に書きました。自閉症は早発性の障害です。自閉症と診断されるのは、話し言葉の遅れや風変わりな行動などの特徴が、3歳までに現れた場合に限ります。子どもがアスペルガー

症候群——自閉症スペクトラムでも比較的軽度のもの——をもっていると診断されるのは、話し言葉の明らかな遅れこそないものの、ソーシャルスキルの著しい不足が見られる場合です。例えば、ひとりでいるのを好み、変わり者という理由でよくいじめられる子どももそうです。そのような子どもは、きわめて優秀な科学「おたく」であるケースが少なくありません。例えば、アインシュタインは学校でほかの子どもたちと遊びませんでした。問題を解くことに並外れて没頭する傾向がありましたが、取り組む問題は自分の興味のあるものに限られていました。

妙な話ですが、アインシュタインが相対性理論を生み出すことになったのは、まさにこの社交嫌いのおかげだったのかもしれません。そもそも、空間と時間の問題を始終考えている「正常な」大人なんて、どれだけいるでしょう？　成人してからも、やはりアインシュタインは、軽度の自閉症またはアスペルガー症候群の人の特質を示していました。対人関係の機微などほとんど気にかけず、だらしない服を着て、ぼさぼさの髪を伸ばしっぱなしにしていました。学生も同僚も、アインシュタインの講義はとりとめがなく、理解できないことがあったと語っています。ある定理を黒板に書いている途中で手を止め、そのまま恍惚状態のようになり、数分後にわれに返ると、突然新しい仮説を書きはじめるなどということもしばしばでした（Clark, 1971）。

画家のビンセント・バン・ゴッホもやはり打ち解けない変わった子どもで、よくかんしゃくを起こし、ひとりでいるのを好んだと伝記作家は書いています。身なりはだらしなく、無愛想で、話す声には緊張と神経質そうな苛立ちがまじっていました。これは自閉症の傾向がある大人に非常によく見られる特徴です。またグラント（Grant, 1968）によれば、彼は人と会話する時ひどく自己中心的で、聞き手が興味をもっているかどうかや、不愉快ではないかどうかにはほとんどおかまいなしだったといいます。

自閉症スペクトラムの人は往々にして学校の成績がよくありませ

ん。私自身、高校を卒業するのには大変苦労しました。有名な科学者や芸術家、作家の中にも、学校では苦労したという人が大勢います。例えば、現代遺伝学の祖グレゴール・メンデル（Gregor Mendel）は高校の教員免許試験に合格できませんでした。メンデルは修道院の庭の隅(すみ)でエンドウを使って実験を行い、その結果を論文発表時に提示しましたが、学位を取得できませんでした。メンデルの見解には誰一人としてまったく関心を払いませんでしたが、幸い、論文の写し120部が残り、本人が死亡してから非常に優れた論文として正当に認められました。現在メンデルの法則は、ときに議論の的(まと)にもなりますが、あらゆる高校の科学の授業で教えられています（Kevin, 1967）。

　哲学者のルートヴィヒ・ヴィトゲンシュタイン（Ludwig Wittgenstein）は、おそらく高機能自閉症であっただろう、と神経学者のオリヴァー・サックス（Oliver Sacks, 1995）は示唆しています。4歳になるまでしゃべらなかったため、ひとかけらの才能もない愚鈍な子どもと見なされていました。家族の中にはうつ病と思われる者がいましたが、これもやはり自閉症スペクトラム障害のある人には非常によく見られる現象です。それどころか、兄弟のうち3人が自殺しているのです。ヴィトゲンシュタインはさまざまな才能をもっていましたが、特に機械に強く、10歳でミシンを組み立てました。また、周りの子どもにまで改まった言葉遣いをし、変わった話し方や癖のせいでいじめられてもいました。いまでは、必要以上に改まった言葉遣いは、自閉症スペクトラムの人に珍しくないということがわかっています。

　こうした例が示すように、世の中の仕事から特定の人たちを締め出せば、私たちみんなが損をするのです。ほかに自閉症スペクトラムだったと思われる著名人には、トマス・ジェファソン（Thomas Jefferson）、カール・セイガン（Carl Sagan〔天文学者・作家〕）、アマデウス・モーツァルト（Amadeus Mozart）などがいます（Ledgin, 2001）。

≫≫≫自閉症スペクトラム障害のある人が仕事の世界に入るなどして社会に貢献しなければ、社会の方も損をします。

自閉症スペクトラムの人が満足のいく仕事を見つければ、共通の関心事を通じて、社交のチャンスも生まれます。私が生涯で特に充足感を感じた経験のいくつかは、エンジニアとの交流や、自分が設計した設備を建設する仕事仲間との交流でした。それは「技術屋」同士のコミュニケーションだったのです。

　仕事は、単なる生活の手段でもないし、お金を稼ぐ手段でもありません。満足できる生産的な人生を築く鍵なのです。私たち自閉症スペクトラムの多くの人間にとって、この世の中はなかなか思うようにいかず、困惑することもあります。そんな世の中で、仕事は地に足のついた暮らしをするのに役立ってくれます。もし私が知的な面で満足できる仕事をもっていなかったら、この人生は間違いなく生きる価値を失うでしょう。

　それと関連しますが、私は何年か前に、リナックスという無料のＯＳ〔基本ソフト〕の話を読んだことがあります。ビジネス界の面々は、プログラマーがなぜ労力の結晶を無償配布してしまうのか、理解に苦しんでいました。しかしプログラマーが自分の書いたプログラム、つまり自分の「考え」を、進化しつづける偉大なＯＳに組み込みたがったことは、私には不可解ではありません。自分の考えや作品がコンピューター・プログラムの「遺伝子コード」の一部として生きつづけるとしたら、何とすばらしいことでしょうか。リナックスのプログラマーはこのＯＳに自分自身を投じ、自分の「知のＤＮＡ」を、永遠に存続するサイバースペースに捧げているのです。リナックスが進化していっても、こうしたプログラマーが書いたコードは深部に残り、コンピューター科学の大いなる進化の一部となります。こうしたプログラマーがリナックスに貢献するのは、それによって人生がより有意義になるからです。

　自閉症スペクトラムの多くの人、特に典型的自閉症の人たちは、大学に行くこともなければ、高等教育の学位が必要な仕事を長く続けることもないようです。４年制大学の学位が不要な職業はたくさんありますが、トップクラスの給料がもらえる職業に就くには、高

校卒業後、正式な教育か訓練を受けなければなりません。仕事で求められる最も重要な事柄は、働く意欲をもち、好ましい勤務態度を保つことです。言い換えれば、新たな技能を習得する意欲をもち、同僚といい関係を維持し、自分にできる最高の仕事をすることです。アスペルガー症候群の多くの人は、大学などでは優れた能力を発揮しますが、卒業後にひとつの仕事を続けていくのが困難です。本書では、才能を伸ばし、いい仕事を得、その仕事を続けていくのに役立つような情報を提供します。

　自閉症スペクトラムで比較的低機能の人も、コーチングを受けながら働き、職場に少しずつ慣れるようにすれば、仕事はできます。ある意味で、私は自分の仕事そのものです。私の生活に大いに必要な枠組みを、仕事が与えてくれます。私は仕事で家畜施設を設計したり、動物科学を教えたりしているため、定期的かつ頻繁に人と接します。プロジェクトについて話し合ったり、カリキュラムの計画を立てたり、アイディアを出し合ったりします。でも、週末はほとんどひとりで過ごし、何かを描いたり本を読んだりしています。もし仕事がなかったら、世間から引きこもり、ひとりきりで過ごす時間がますます増えると思います。いまでは多少は楽に世間を渡れるようになりましたが、ここまで来るのは並大抵のことではありませんでした。こうなれたのも、長年にわたるさまざまな支援策と手助けのおかげです。こういった経緯が、本書で述べる意見や提案の土台となっています。

　振り返ってみると、母は私が言語療法や良質の就学前教育を受けられるようにしてくれました。それに、家庭でも小さい頃からソーシャルスキルとマナーをしっかり教えてくれました。高校ではさまざまな教科がつまらなく思え、勉強する気が起きませんでした。主に興味があったのは、生物学の授業と工作の課題くらいです。しかし幸運にも、高校の科学教師が私の興味を利用して、勉強する気を起こさせてくれました。私はこの先生と一緒におもしろい科学の課題に取り組みました。そうするなかで、科学者になるという目標を

>>> 自閉症スペクトラムの人が満足のいく仕事を見つければ、共通の関心事を通じて、社交のチャンスも生まれます。

達成するには「つまらない教科」も勉強しなければならないと気づいたのです。

　メンターも、私の人生とキャリアに大きな影響を及ぼしました。高校の科学教師は私が大学に入ってからも指導しつづけてくれたし、最初の頃に就いた仕事の雇用主たちもメンターになってくれました。不安感がどうしようもなく強まった時は薬物療法に頼りましたが、薬は気持ちを落ち着けておくのに役立ちました。薬物療法がすべての人に有効なわけではないことは、私もわかっています。でも、ここで挙げたすべて――ほかにもいろいろありますが――のおかげで、私は自分の愛する仕事を続けてこられました。

　過去30年間に私が設計した家畜施設と設備が畜産業で使われつづける限り、私の考えは生きつづけ、私の人生は意味をもつのです。牛や豚の取り扱いを改善しようとする私の努力が世界を真にいい方向に変えるなら、私の人生には意味があるということです。

　自閉症スペクトラムの多くの人は、仕事というとても大切な経験を味わう機会を逃しているのではないか――本書はそんな私のもどかしさと懸念から生まれたものです。家族と地域社会に貢献することや、独立して自活することの満足感を、こうした人たちは永遠に味わえないのではないかと私は心配したのです。

　成功するためには、子どもが持ち前の才能を伸ばせるように親が手助けすべきです。こうした才能が、のちに報酬をもらえる仕事につながることも少なくありません。絵を描くこと、文章を書くこと、模型を作ること、コンピューター・プログラムを作ること、庭の景

> **メンター**
> 　「教師」「指導者」「助言者」などと訳されているが、アメリカではビジネスの場面で「上司」や「先輩」の意味で使われている。よって信頼できる相談相手、支援者という意味合いが強い。また、若年者や未熟練者に対してマンツーマンで仕事などの支援をしたり、精神的な支援をすることを「メンタリング」という。

観を設計すること。どれもみな、報酬をもらえる仕事につながる可能性があります。チャンスをつかみ、きちんとした作品集を用意しておけば、才能は言葉で説明しなくても伝わるし、自然に買い手がつくものです。

　さらに、親は若者が仕事を見つけ、その仕事を続けられるよう、必要な技能の習得も手助けしなければなりません。こうした技能はまず家庭で身につけるものです。いまから思えば、私は1950年代に子ども時代を過ごせて幸運でした。当時はもっと規則正しい生活様式が一般的で、それが私にとても役立ったのです。例えば、家族全員で食事をとることはソーシャルスキルを学ぶ機会になりました。そのほか役に立ったのは、よくボードゲームやカードゲームで遊んだことです。なかでも特に、自分の順番を待つことを学びました。また、夕食をとる間は静かに座っていることや、人に礼儀正しく接すること、割り当てられた手伝いをすること、きょうだいと仲良くすることも求められました。もっと大きくなると、仕事をするように言われました。13歳の時には、初めての仕事を得て継続的に働いていました。週に2回、午後に裁縫師の助手を務めたのです。

　両親は私に助力を惜しみませんでしたが、それと同時に高い期待も抱いていました。私がいままで社会でやってこられたのは、その期待のおかげでもあったのです。自閉症スペクトラムの若者にとって、この点は特に重要です。テンポが速く、競争の激しいこのグローバル経済の中で自分の能力を証明するには、よりいっそう懸命に働かなければならないはずだからです。しかし、希望もあります。アメリカでは今後5年から10年の間にベビーブーム世代が退職し、深刻な労働力不足となります。そのため雇用主は障害のある私たちを、かつては検討の対象にならなかったような仕事に就かせようとするはずなのです。

　最後に、若者にはメンターが必要です。若者を導き、貴重な経験をさせてくれるような存在が必要なのです。メンターは教え子を社会へと案内し、人生で出くわす迷路の歩き方がわかるように手助け

>>> 成功するためには、子どもが持ち前の才能を伸ばせるように親が手助けすべきです。

します。ひととおり案内が終わったら、今度はアイディアや計画、夢に関する相談役となります。それによって、教え子が順調に道を歩み、才能を伸ばせるよう手助けします。

　この本では、読者——自閉症スペクトラムの人自身のほか、その家族や教師、カウンセラーなど、若者の人生に変化を起こす大人たち——にキャリア設計のプロセスをたどっていただきます。キャリア設計と仕事探しの情報のほか、満足できる仕事につながるような才能と興味の見つけ方・育み方についての情報も載せています。こういった事柄が私の成功に役立ったのです。

　第1章の「自閉症スペクトラム障害と職場で表れる影響」では、
- 仕事に関係してくるような自閉症スペクトラム障害の特徴を紹介します。

　第2章の「職場に適応するには」では、
- 感覚にまつわる問題、怒りの抑制、薬物療法
- ソーシャルスキルを向上させ、仕事で活かすことに関するアドバイス
- 仕事で成功するための管理能力に関する情報

に焦点を合わせます。

　第3章の「仕事で成功するためのルール」では、さらに充実した職業生活をより順調に送るために、身につけるべき戦略や技能について説明します。

　第4章の「好きな仕事を見つけるには」は、精神的にだけでなく、経済的にも満足できる職業の見つけ方を若者に指南します。

　第5章の「理想の仕事を探すには」では、仕事探しについての情報を提供します。

　第6章の「一番得意なことを仕事にしましょう」では、私たち自閉症スペクトラムの人間の特徴である、以下のそれぞれの思考法に特に合う仕事を挙げています。
- 視覚型思考者

- » 音楽／数学型の脳
- » 言語に強い非視覚型思考者

　第7章の「自閉症スペクトラムの人に最適の仕事」では、自閉症スペクトラムの人に適した職業や仕事の概要を紹介します。また、起業についての情報も提供します。

　そして、巻末には以下のような付録があります。

- » 「障害のあるアメリカ人法」による、職場での被雇用者の法的権利に関する情報
- » 職場での障害表明に関する短い考察
- » 仕事についてのヒント
- » 日本における就労支援の相談機関〔日本語版で追加〕

　あなたが仕事探しまたは仕事自体を始める際に、この情報が役立つことを願っています。幸運を祈ります。就職活動を楽しんでください。

》》》若者にはメンターが必要です。若者を導き、貴重な経験をさせてくれるような存在が必要なのです。

● 第 1 章 ●●●●●●●●

自閉症スペクトラム障害と
職場で表れる影響

●●●●●●●●●

　前に書いたとおり、私は13歳の夏に初めて報酬をもらえる仕事をしました。これは母の発案でした。私が家の中をあてもなく歩き回ってばかりいたので、ちょうど人手を必要としていた母の友人の裁縫師のところへ、週2回、午後に行くことになったのです。
　それは私に打ってつけの仕事でした。私は裁縫が大好きだったし、頭の中に浮かんだデザインを形にするのも大好きだったからです。その時点でもう数年の裁縫経験があったので、ごく簡単な作業をしたり、縫い目をほどいたり、ズボンの裾縫いをしたりして働きました。仕事に行くことは私にとってほかの何よりも有益でした。家の中をうろつく時間が減り、外の世界での身の処し方を学ぶ時間が増えたのです。
　若いうちの仕事の経験はまさに私に必要なものでした。はっきり言うと、バランスのとれた人生と成功をつかむためには、自閉症スペクトラムの人たち全員にこういった経験が必要なのです。人間の経験の中で、仕事はとても大きな割合を占めます。だから重要な仕事だろうと、そうでない仕事だろうと、とにかく仕事をすることが誰にとっても大切なのです。仕事から学べることは山ほどあります。そんな経験を逃すのはもったいないことです。例えば、仕事は家族以外の人とうまくやっていく方法を教えてくれるし、成人して自立するのにも役立ちます。それに、自分が自らと家族の幸せに貢献し

ていると認識すれば、大きな満足感が得られます。

　裁縫師を手伝う仕事のおかげで、私は以前よりも自立し、家庭と学校という狭い世界以外の人とつき合う方法を学べました。でも、13歳の時に私を働かせたのは、母が講じてくれた多くの支援策のひとつでしかありません。母がまずしてくれたのは、私を幼稚園に行かせ、言語療法を受けさせることでした。

　自立までの道のりは平坦ではありませんでした。でも、家族から求められたからこそ、私は自立することを学んだのです。第1章と第2章では、自閉症スペクトラム障害の人が職場でぶつかりかねない問題や、確実な支援策と解決策を詳しく見ていきます。このような支援策は私たちを解放し、才能を伸ばして、もっと充実した満足のいく人生を送れるようにしてくれる可能性があります。才能を伸ばせば仕事の世界に入りやすくなるし、適職を見つけることもできます。私にとって裁縫はそうした才能のひとつでした。助手として私を雇ってくれた母の友人には、一生、頭が上がりません。あの仕事は働くための技能を学ぶのに役立ちました。

　また、家族は私を農場付きの寄宿学校にも入れてくれました。ここで私は動物好きになったのです。10代の頃は、4Hクラブ〔青年に農業技術など実用的技術を教育するために作られた機関〕の品評会でよく人に馬を見せていました。趣味が裁縫と動物の世話だなんて、変わった取り合わせだと思われるかもしれませんが、私はどちらも大好きだったし、両方が動物科学者という現在の職業につながっているのです。高校生の頃は裁縫の腕を活かし、馬用の凝った飾り付きの端綱と馬勒を作ったものです。

　寄宿学校で過ごした5年間には、納屋の屋根葺きをしたり、寮の増築作業をしたりしました。建設作業はとても好きでした。裁縫にも建設にも、視覚型の思考能力と、ものを組み立てる作業が必要です。この学校に入ってから4年間は勉強はほとんどしませんでしたが、科学を教えていたカーロック先生がやる気を起こさせてくれました。カーロック先生は、すでに述べたように私にとって特に重要

なメンターとなりました。

家畜用の施設に興味がわいたのは、アリゾナ州にあるブレッキーンおばの牧場でひと夏を過ごしてからです。牛に注射をしたり焼き印を押したりする際、牛を押さえておく装置〔締めつけ機〕に、私は執着するようになりました。それがきっかけでいまの職業に進むことになったのです。約40年たっても、この職業への強い思い入れは変わっていません。

私が仕事の世界へ楽に入ったかのように言うつもりはありません。それは楽ではなかったからです。仕事を長く続けている自閉症スペクトラムの人を見ていて気づいた点は、私を含めて、みんな次のような3つの特徴をもっているということです。

> » 生来の才能を伸ばすのを手伝ってくれた人がいたこと。
> » 10代以降に、ソーシャルスキルと仕事関連の専門技能を伸ばすのを手助けしたメンターがいたこと。
> » 感覚にまつわる問題のほか、それに伴ううつと不安感に対処するため、適切な場合には薬物療法やその他の療法——運動、特別な食事療法、サプリメントなど——を採り入れたこと（すべての人に薬物療法が役立つわけではないことは私も知っていますが、この選択肢は除外すべきではありません）。

勤労は善だという考えで私を育ててくれた家族の大変な努力には、深く感謝しています。でも、ひとつだけ確かなことがあります。もし私が感覚系など、自閉症スペクトラムならではの問題に対処できなかったなら、世界中の勤労意識を寄せ集めても、仕事を長く続ける助けにはならなかっただろうということです。

ではこれから、自閉症スペクトラム障害の原因と特徴を簡単に見ていきましょう。本書では随所で、高機能自閉症、アスペルガー症候群、特定不能の広汎性発達障害（PDD-NOS）の人たちに言及しています。ここで行う原因と特徴に関する説明は、決して詳細でも

包括的でもありません。こうしたトピックについては、詳しい書籍や科学的な研究報告がすでにたくさんあるからです。また本書の目的に沿って、自閉症スペクトラム障害のさまざまな側面の中でも、主に仕事の世界に入ること、そして仕事を続けることに特に関わる部分を取り上げます。

自閉症の定義と原因

　自閉症は、自閉症スペクトラムの人の家族全員に影響を及ぼします。自閉症スペクトラムの子どもを充実した成人期を送れるように育てていくのは、並大抵のことではありません。しかし、それも無理からぬことです。自閉症は生活の全側面に影響を及ぼすからです。

　アメリカ自閉症協会（Autism Society of America）は自閉症を、通常3歳までに現れる複雑な発達障害と定義しています。自閉症とひと口に言っても、その中には優秀な科学者もいれば、常に監督を受けながら暮らさなければならない、音声言語をもたない人もいます。音声言語をもたない人の中には働ける人もいるでしょうが、働けない人もいます。自閉症は、脳の機能に影響する神経障害によるものです。主に社会的相互作用とコミュニケーション能力に関わる領域で、脳の正常な発達に影響を与えます。したがって、自閉症の子どもと大人は、一般に言語的・非言語的コミュニケーションや社会的相互作用、余暇活動または遊びがうまくできません。

　自閉症の人の脳は、感情の中枢である大脳辺縁系に異常な発達不良があるということが研究によって示されています（Bauman & Kemper, 1994）。前頭皮質には、ニューロンの異常増殖があります（Courchesne et al., 2001）。そうした脳の異常が自閉症の症状の多くを引き起こすのです。自閉症の程度の重さは、異常な発達がどれだけあるかということと関係しています。一方、記憶が保管される大脳皮質の後ろ半分は、比較的正常です。自閉症スペクトラムのほとんどの人が優れた記憶力をもっているのは、このせいかもしれませ

>>> 仕事から学べることは山ほどあります。そんな経験を逃すのはもったいないことです。

ん。

　アメリカ疾病管理予防センターは2001年に、1000人あたり2～6人――150万人にものぼるアメリカ人――が自閉症と見られる、と報告しました。アメリカの教育省をはじめ、自閉症などの障害について調査しているほかの政府機関によると、人数は年に10～17％の割合で増えているといいます。このような割合で増えていくと、何らかの形の自閉症のアメリカ人が今後10年で400万人に達する可能性がある、とアメリカ自閉症協会は見積もっています。世界全体でも、自閉症はアメリカと同じ割合で現れ、自閉症の男児の数は女児の4倍となっています。また、人種や収入の額、民族、宗教の別に関わりなく自閉症が現れる点も、アメリカと同じです。

　自閉症とアスペルガー症候群は「スペクトラム〔連続体〕障害」なので、症状は軽いものから重いものまで、さまざまな組み合わせで現れます。自閉症スペクトラムの人たちは、たとえ診断名が同じであっても、まったく違った振る舞いを見せる場合があるとアメリカ自閉症協会は述べています。例えば、音声言語をもたない人がいる一方で、コミュニケーションがとれる人もいます。また、匂いに敏感な人がいる一方で、接触に敏感な人もいます。

　自閉症の原因は、研究者にもまだはっきりとはわかっていません。しかし、多くの要因が相互作用しているということはわかっています。一部の研究者は、遺伝、遺伝子の作用、特定の医学的問題――脆弱X症候群など――の関係を研究しています。別の研究者は、脳の発達に影響して自閉症を引き起こす可能性のある、不安定な遺伝子群との関係を調べています。また別の研究者は、ウイルス感染や代謝の不均衡、特定の化学物質への曝露などの環境要因を研究しています（www.autism-society.org）。

　自閉症スペクトラムの人の家族も、軽い自閉症の特質をもっていることがよくあります。それは視覚型の思考だったり、高い知能だったり、内気な性格だったり、学習障害だったりします。ほかに、うつ、不安感、注意欠陥障害、トゥレット症候群、アルコール依存

症なども、自閉症の人やその家族によく現れます（Narayan, Moyes, & Wolff, 1990; www.ninds.nih.gov）。一般的な症状は、感覚の敏感性、多動、不安感などです。自閉症やアスペルガー症候群に関する優れた情報源としては、トニー・アトウッド著『ガイドブックアスペルガー症候群──親と専門家のために』（原著1998年。邦訳は冨田真紀・内山登紀夫・鈴木正子訳、東京書籍、1999年）があります。

自閉症のタイプ

自閉症スペクトラムの子どもや大人の全員が、上記の症状すべてを示すわけではありません。また、全員が典型タイプの自閉症と診断されるわけでもありません。人づき合いが苦手などの行動上の問題はあっても、言葉の問題はないという人は、アスペルガー症候群と診断されることが多々あります。アスペルガー症候群は自閉症の中でも比較的軽いタイプで、たいていは社会でそれほど苦労なしに生活し、標準に近い思考・言語パターンを示します。しかし、どちらのタイプの自閉症も、柔軟な問題解決や、社会的相互作用、顔の認識、微細協調運動〔手指を協調させて行う動き〕などがうまくできません。

自閉症の中でも比較的重いタイプは、聴覚処理に問題があったり、話し言葉が理解できなかったりと、はっきりした神経学的な問題を示します。このようなタイプの自閉症の人は、複雑な言語音を聞き取れない場合があります。簡単な指示にさえ従えない人もいるのです。たとえ純音を使った聴力検査の結果が正常でも、話し言葉が理解できない場合もあります。子音は特に聞き取りにくいかもしれません。症状が重い場合、母音しか聞き取れないこともあります。私の言語療法の先生は、私が聞き取りやすいよう、子音を長めに、はっきりと発音してくれました。例えば、カップを手に持って、「ククククアップププ」と言うのです。大人が早口でしゃべると、何を言っているのか私には理解できませんでした。長い間、大人に

≫≫≫才能を伸ばせば仕事の世界に入りやすくなるし、適職を見つけることもできます。

は「大人用」の特別な言語があるのだと思っていました。

　このタイプの自閉症の人の中には、一点を凝視する、言い換えれば「ぼんやりする」などの微妙な発作の徴候を示す人が少なくありません。あるいは、感覚経路が混線してしまう人もいます。例えば、音が色として感じられたり、触った感覚が音のように感じられたりすることがあるのです（Cesaroni & Garber, 1991）。そのほか、自分の体がどこまでなのか、境界がわからない人もいます。多くの人は低機能と見なされ、知能指数の値も低めです。発達障害があり知能指数が低めの人もいますが、ただ単に感覚処理に深刻な問題があり、そのせいでコミュニケーションが困難な人もいます。

　当然ですが、自閉症の人が高機能であればあるほど、たいていは複雑な仕事に就くことができます。例えば、私は自閉症スペクトラムの大学教授や企業のオーナー、エンジニアを知っています。どの人も毎日職場に通い、非常にうまく自分をコントロールしています。とはいえ、標準とはこれだけ大きくかけ離れている私たちにとり、外の世界はたいてい居心地のいい場所ではありません。最大の原因は、私たちの感覚系と神経系が往々にしてきわめてデリケートだということです。突然の大きすぎる音や、強すぎる接触、軽すぎる接触、きつすぎる匂い、極端な味、刺激的すぎる映像は、私たちを混乱させたり、自分の殻に引きこもらせたりすることがあります。

　しかし、私たちみんなが同じというわけではありません。前に書いたとおり、自閉症の影響は人によって違うのです。世間では、「自閉症スペクトラムの人は外界との心の通い合いがほとんどない」というイメージが抱かれています。目を合わせたり、愛情表現をしたり、微笑んだり、笑ったりすることがないというのです。でも、これは行きすぎた一般化であって、ほかの大半の一般化と同じく、100％事実というわけではありません。確かに、自分の殻に引きこもる人が多いのは事実です。しかしそういう人も、ほかの人たちと同様、周囲に対して肯定的な反応も否定的な反応も示します。疲れた時は気持ちが混乱し、少し取り乱すかもしれませんが、十分な睡

眠をとれば、同僚と一緒に笑ったり、晴れた一日を楽しんだり、家族と静かな時を過ごしたりするのです。

主な問題

自閉症スペクトラムの人たちは、以下の問題のすべて、あるいは一部に直面する場合があります。

* **ソーシャルスキルと友達作りの問題**　この問題が起きるのにはさまざまな理由があります。自閉症スペクトラムの人はしばしば自分の好きな話題に集中しすぎ、その話題について間断なくしゃべりつづけ、もうやめろという他者からの社会的な手がかりを見逃してしまいます。また、過剰な刺激を受けた時や不安になった時は、ほかの人を無視することもあります。不安に対処する手段として、よそよそしい態度をとり、人と距離を置く場合もあります。その結果、取っつきにくいと思われたり、失礼だと思われたりすることさえあるのです。
* **会話を続けにくい**　この問題は、自閉症スペクトラムの人の間ではかなりよく見受けられます。私たちの興味の対象は人にあまり知られていない物事だったりするので、ほかの人にはおもしろくないかもしれません。しかし多くの場合、それでも私たちはしゃべりつづけるのをやめません。
* **受容言語能力〔言葉の理解力〕の欠如**　特に重い自閉症の人は、思考パターンや感情は標準に近いとしても、しゃべれません。ほかの人が発する言語音は、聞こえたり聞こえなくなったりする場合があります。あるいは、意味のない雑音に聞こえるかもしれません。
* **儀式への固執や、限られた行動パターン**　自閉症スペクトラムの人にとって、変化がないということはとても重要です。同じ服を着たり、毎日同じルートで通勤・通学したり、毎食同じものを食べたりすることは珍しくありません。神経系を刺激するため、あ

>>> 私は自閉症スペクトラムの大学教授や企業のオーナー、エンジニアを知っています。どの人も毎日職場に通い、非常にうまく自分をコントロールしています。

るいは鎮（しず）めるために、体を揺らしたり手をひらひらさせたりするなどの行動をとることもあります。

* **感覚にまつわる問題**　この領域で問題が起きるのは、神経系による情報の送り方と処理のしかたがスムーズではなく、むらがあるからです。例えば、きつすぎる匂いやざらざらした質感は感覚系を混乱させ、その人を苛立たせたり、苦しめたりすることがあります。

* **微細運動〔手指の運動〕と粗大運動〔四肢の運動〕の困難**　この問題も感覚系と関係があります。感覚系が筋組織に正しい情報を送れないのです。その結果、動作がぎこちなくなったり、ものを取り落としたり、転びやすくなったりすることがあります。

* **ほかの人の考えを理解しにくい**　つまり自閉症スペクトラムの人は、社会的手がかりや表情による手がかり、そしてその他の態度による重要な手がかりを読み取りにくい場合があるということです。世の中は「社会的な」場所なので、周囲の人が自分の行動に腹を立てていたり、自分がしゃべっている話題を不快に感じていたりするのを察知できないと、あらゆる種類の問題が起きかねません。私は、人の仕事ぶりをずけずけと批判したり、不適切な服装で職場に行ったりして、大問題を起こしたことがあります。私のことを心配した何人かのメンターが助けてくれてようやく、そうしたトラブルの処理方法がわかったのです。

* **かんしゃく**　自閉症スペクトラムの人は、人生がひどく厄介で腹立たしく感じられることがあります。それで、どうしようもなくなった時にかんしゃくを起こすのです。私は子どもの頃、家族と言葉で意思疎通ができずに腹が立った時、よくかんしゃくを起こしました。かんしゃくは、過剰な不安感と苛立ちによってたまったストレスを発散する方法なのです。ただ、あまり有効な方法ではありません。

* **心の理論**　あるテーマについて人がそれぞれ違う意見をもっていたり、自分の意見に賛同しなかったりする場合があることは、自

閉症スペクトラムの人には往々にして理解しがたいものです。例えば、私は以前、仕事先の会社の社長に１通の手紙を書きました。その会社の従業員がある装置を設置した時、やり方が非常にずさんだったという内容のものです。社長はかんかんになると同時に、とてもばつの悪い思いをしました。それは当然の反応でしたが、当時の私には理解できなかったのです。ここでもまた私のメンターが間に入ってくれ、私に状況を理解させ、クビになるのを食い止めてくれました。

*不安感　不安感には私たちの多くが大いに悩まされています。特に、初めての状況に立ち向かう時の不安感は大変なものです。自閉症スペクトラムではない人たちに比べ、私たちの神経系はデリケートにできているようです。複数の感覚経路を使うと、私たちは自分の殻に引きこもってしまうことがあります。例えば、話し手の表情に集中していると話の内容が理解できないという人もいるでしょうし、誰かの話に耳を傾けていると身体的な感覚に気づかないという人もいるでしょう。このような過剰な負荷は不安感を生みかねず、パニック発作を引き起こすことさえあります。

*うつや、その他の精神的問題　自閉症スペクトラム障害の人は、人生がつらく厄介なものに感じられるあまり、うつや、その他の深刻な精神的問題に陥ることがあります。自閉症ではない人の場合と同じく、精神的問題は自閉症スペクトラム障害の人に深刻なダメージを与えかねません。幸い今日では、こうした問題による影響の一部を和らげてくれるような、優れた薬やその他の療法があります。

次の章では、仕事を得てそれを長く続けていけるよう、自閉症スペクトラム障害の特に顕著な特徴のいくつかについて、職場で対処する方法を見ていきます。

● 第 2 章 ●●●●●●●●

職場に適応
するには

●●●●●●●●●●

　自閉症スペクトラムの多くの人が働けるようになるには、感覚の敏感性を「和らげ」、コミュニケーション能力を育み、何らかの療法や、ときには薬を使って不安感を抑えなければなりません。この章では、仕事の世界を生き抜くのに影響してくる主な感覚系の問題や、そうした問題への対処法を詳しく見ていきます。

感覚系

　感覚系は、きわめて複雑なこの世界の中で身体が平衡を保つ手助けをします。感覚系は、外の世界から私たちの体内に非常に重要な情報を伝えます。きちんと機能している標準的な神経系の場合、その情報は神経系を通り、脳へとスムーズに流れていきます。脳は交通整理係のような役割を果たします。身体の適切な部位に対して、動けとか、現在の動作をやめろとか、動作を遅くしろなどと命令するのです。
　自閉症スペクトラム障害のある人は、外の世界から来る情報をうまく処理できません。感覚にまつわる問題のせいで、何が見えているか、聞こえているか、触れているかを理解するのが難しいのです。たとえるなら、外から来る感覚刺激に調節ツマミが付いていないようなものです。標準的な神経系のある人には気にならない音であっ

ても、自閉症スペクトラムの人には、まるでやかましいロックコンサート会場のスピーカーの中にいるように感じられることがあります。火災報知器などの音は、歯科医院のドリルで神経をえぐられるような苦痛をもたらします。つまり、自閉症スペクトラム障害のあるほとんどの人は感覚系が秩序正しく機能しないのです。かわりに、感覚情報が神経系を駆けめぐって、脳へ情報を過剰に送り込んだり、あまり送らなかったりします。情報は多すぎても少なすぎても同じくらい厄介です。まるで至るところで迂回が起き、神経信号が急に脇道にそれて、袋小路や未知の路地へと入り込んでしまうようなものです。その結果、自閉症の子どもも大人も強い不安感や混乱に陥り、その後、取り乱した振る舞いや苛立った行動を見せることがあります。大人の取り乱した振る舞いは、苛立ちや引きこもり、不安感、混乱などにつながりますが、怒りを示すこともあります。

　誰かの感覚に深刻な問題があるかどうかを見きわめたいなら、簡単な方法があります。混雑したスーパーマーケットでその子またはその人が示す反応を観察すればいいのです。行くたびにかんしゃくを起こして大声でわめくなら、感覚への負荷が大きすぎるのだと推論して差し支えないでしょう。自閉症スペクトラムの人が抱える感覚上の問題は、人によって大きく違います。程度が軽い人もいれば、重い人もいます。問題が主に聴覚にある人もいれば、視覚にある人もいます。音声言語をもたない人は、視覚系と聴覚系の両方で感覚の大混乱が起きている場合があります。「聞こえ」た言葉を視覚的に知覚したり、「見え」たものを聴覚的に知覚したりすることがあるのです。このような問題は脳のせいです。目や耳はたいてい正常です。

　人間なら誰でもたまにそんな症状が現れることがありますが、自閉症スペクトラムの人はたいていその回数が多く、程度も重いのです。幸い、このような症状が起きる回数を減らし、職場でめったに起きないようにする方法があります。これから全体的な説明をした後、聴覚・視覚・触覚・嗅覚の敏感性について見ていきます。

職場での感覚上の問題

　感覚にまつわる深刻な問題のある人は、職場環境に苦労することが少なくありません。私の知っている有能なコンピューター・プログラマーは、オフィス内の騒音に耐えられず、仕事をやめてしまいました。深刻な感覚過敏の人が耐えられる職場を作るには、たいていの場合、本人が敏感性を減じる努力をするだけでなく、環境にいくつか簡単な変更を加える必要もあります。この両方の努力を行えば、成功の可能性は高まります。

　私を例にとって説明しましょう。大きな甲高い音がすると、私はひどく驚き、何を考えていたかを忘れてしまうことがあります。私は大学生を教えていますが、小さな子どものクラスを教えることは絶対にできないでしょう。子どもの甲高い声と素早い動きに混乱を来しかねないからです。私は微細運動がそれほど苦手ではありませんが、私の知っている自閉症スペクトラムの人の中には、字がほとんど書けず、金槌と釘には近づくことさえ危険だという人もいます。もし私が人混みの中にいて、周囲の全員がしゃべっていたら、私は会話の相手の言葉が聞き取れないでしょうし、それを言うなら周囲の人たち全員の言葉だって聞き取れないでしょう。もしみんながそれぞれ違った高さの声でしゃべっていたら、私はさっさと全員の声を遮断してしまうはずです。

　匂いが気になることは私にはあまりありませんが、自閉症スペクトラムの多くの人が匂いに悩まされています。仮にあなたが匂いに敏感だとして、会議の時、香水のきつい女性の隣に座らなければならなかったらどうでしょう？　おそらく会議の内容など目にも耳にもまったく入らないでしょう。考えられるのはただ、その匂いから逃れることだけなのです。でも、逃れられたとしても気分がひどく悪くなり、その日は1日中、集中することができないでしょう。

　こうしたことから容易にわかるように、アメリカの平均的な職場は、一部の自閉症スペクトラムの人に対して感覚への過負荷をもた

らしかねません。だから私たちは自分の感覚を調節するだけでなく、当然、ストレスへの反応も抑えられるようにしておかなければならないのです。表2.1に、こうした敏感性への対処法をいくつか挙げておきます。

音に対する敏感性

　自閉症スペクトラムの多くの人にとって、音に対する敏感性はとても深刻な問題です。私にとっても間違いなく大問題です。子どもの頃は聴覚があまりにも敏感で、両耳がマイクロホンさながら周囲の音を増幅してしまうようでした。聴力検査では正常という結果が出るのですが、入ってくる音を調節できないのです。つまり私には、ふたつの選択肢があるわけです。(a) 聴覚のスイッチを入れて音の洪水に襲われるか、(b) 聴覚のスイッチを切るかです。言うまでもなく、いずれの選択肢もすべての場面で有効なわけではありません。職場ではなおさらです。私の場合、大人になってからは音への敏感性の問題が軽減しましたが、一生、深刻なままという人も大勢います。

　一般的な仕事場には、いろいろな高さのさまざまな音があふれています。こうした音は気を散らせ、不快なだけでなく、ときには強い苦痛さえ引き起こすことがあります。火災報知器が鳴ったり、マイクロホンがキーンという音を立てたり、椅子が床をこすったりするほか、同僚らの声も聞こえてくるのです。例えば私は、人の多い空港や騒がしいオフィスでは気が散って電話の声が聞き取れません。通風孔など、途切れることなく続く音は特にわずらわしく感じます。

　自閉症スペクトラムの多くの子どもは、自分の恐れる音がまだ鳴っていなくても、鳴りそうだと思うと問題のある行動をとります。大人の場合、音が鳴るのではないかと心配な時は、自分の殻に引きこもったり、いらいらしたりすることがあります。「恐怖（fright）か闘争（fight）か逃走（flight）か」のモードになるようです。

>>> 深刻な感覚過敏の人が耐えられる職場を作るには、たいていの場合、減じる努力をするだけでなく、環境にいくつか簡単な変更を加える必要もあります。本人が敏感性を

表2.1 感覚の敏感性の種類とその対処法

感覚の敏感性	問題	解決策
聴覚の敏感性	音の調節が困難	・耳栓をする ・ヘッドホンで音楽を聞く ・電話の着信音を小さくする ・換気扇や、流れる水を使ったインテリアグッズ、BGMとしての環境音楽など「ホワイトノイズ」を鳴らす ・不快な音を録音し、それを聞くことで徐々に慣れる
	口頭で伝えられた言葉やその他の音を理解するのが困難	・口頭で伝えられた言葉を、自分に聞こえたとおりに書き留める ・筆談を使う ・聴覚に集中しやすいよう、ガムを噛む
視覚の敏感性	蛍光灯の音やちらつきによって、いらいらしたり気が散ったりする	・つばのある帽子をかぶる ・自然光がもっと当たるよう、机を窓際に置く ・照明器具に100ワットの白熱電球を使う ・着色眼鏡をかける ・ノートパソコン（画面のちらつきが少ない）か、薄型ディスプレーのデスクトップパソコン（やはりちらつきが少ない）を使う
	書類やものを見つけられない（視覚情報の処理が追いつかない）	・ファイルを色分けして視覚的に分類する ・現在進行中のプロジェクトのファイルは、取り出しやすいように机の上かその近くに置く。古いファイルは、邪魔にならないように机から離れた書類棚にしまう
	明度のコントラストが激しいと、気が散る	・読まなければならない文書は、コントラストを弱めるために、黄褐色、濃いグレー、薄い青または緑色の紙にコピーする。文書の上に色付きの透明シートをかぶせるか、着色眼鏡を使う

感覚の敏感性	問題	解決策
視覚の敏感性	そばを通る人の姿が見えると、気が散る	・作業スペースを通行の多い場所から移動する ・廊下ではなく壁に机を向ける
触覚の敏感性	軽い接触にいらいらしたり気が散ったりする	・タグのない柔らかい服を着る ・新品の服より古着の方がたいてい柔らかいので、古着屋で服を買う
嗅覚の敏感性	匂いによって吐き気やめまいがする	・匂いをごまかすため、ペパーミント味かシナモン味のガムを噛む。または、芳香剤——集中力を高めるには青リンゴの香り、気分を落ち着けるにはバニラかラベンダーの香り、神経系を活性化するにはペパーミントの香り——を使う ・席の近い同僚に匂いのきつい香水をつけないように頼む
職場での怒りや不安感	すぐにカッとなる	・ストレス解消法を実践する（例えば深呼吸や、仕事後に気分を鎮めるための習慣など） ・神経系を鎮めるには、噛みごたえのあるものを食べる。逆に神経系を活性化させるには、レモン味またはペパーミント味のキャンディーなど、すっぱいものや刺激的な味のものを食べる ・有酸素運動を行う ・人と対立した時、エスカレートする前に切り上げる ・上司か同僚と一緒に問題を解決する ・外交術を使う ・他者のボディランゲージに注意を払う ・深呼吸、視覚化〔イメージを思い浮かべること〕など、リラックス法を実践する ・職場で味方を作る ・薬の服用が適切なら、服用する ・賛否の分かれる話題は避ける ・怒りの感情を泣くことに転換する

S・バンカー（S. Banker, 2003）。個人的なインタビューより。カンザス州オーヴァーランドパークの子どもセラピーグループ。

【対策】

　職場にあふれている気の散る雑音や大きな音を弱めるには、耳栓をつけると効果的です。ただ、弱めた音に感覚系が「順応しすぎ」ないよう、1日中ずっと耳栓をつけるのはやめた方がいいでしょう。言い換えれば、耳栓をつけっぱなしにしていると、音に対する敏感性が悪化する恐れがあるのです。ヘッドホンで音楽を聴いていれば、不快な音を遮ることができるし、ゆったりした態度を保つのにも役立ちます。OTR／L〔登録・認定された作業療法士〕のサラ・バンカー（Sarah Banker, 2003）は、「ホワイトノイズ」や、流れる水を使った小さなインテリアグッズなど、リラックスできる音で耳障りな音をかき消すよう勧めています。人によっては、換気扇の回る音が一種のホワイトノイズのように気持ちを落ち着かせてくれます。もし職場で許可が得られ、迷惑にならなければ、環境音楽を流すのもひとつの方法です。また、携帯電話の中には耐えがたい着信音が鳴るものもあります。近くにある電話機の音を変えるのも効果的でしょう。

＊

　聴覚処理の問題がある人——耳で聞いた情報を正しく理解・認識・処理できない人——はたいてい、口頭で伝えられた言葉を理解するのも困難だし、ほかの音に反応するのも困難です。このような人に対してバンカー（2003）は、コミュニケーションをほとんど筆談で行うことのほか、口頭でのメッセージを聞こえたとおりに紙に書くことも勧めています。さらに、ガムを噛めば、意識の集中やメッセージの記憶に役立つとも述べています。

＊

　音への敏感性を弱めるのに役立ちそうなもうひとつの方法は、不快な音を録音することです。それをごく小さな音量で再生し、徐々に大きくしていきます。音量と再生時間の長さは、本人に

コントロールさせなければなりません。

視覚の敏感性

　職場における視覚関連の問題で最大のものは、おそらく蛍光灯の照明でしょう。自閉症スペクトラムの多くの人にとって、蛍光灯が発するジーという音は不快です。それだけでなく、大半の人は気づかないかもしれませんが、あの絶え間ないちらつきもまた気に障るのです。一部の自閉症スペクトラムの子どもは、蛍光灯の照明を使うと、反復行動が増える場合があるという研究報告もなされています（Coleman, Frankel, Ritvo, & Freeman, 1976）。

【対策】

　自閉症スペクトラム障害のある人の中には、高速で点滅する蛍光灯のちらつきが見えてしまい、耐えられなくなる人がいます。これではオフィスがディスコのように見えてしまうわけで、あまり職場らしい環境とは言えないし、間違いなく気が散ります。照明を取り外せない場合、つばのある帽子をかぶればいくらか問題を解決できます。100ワットの白熱電球の照明を使うのも、作業スペースでのちらつきを減らす方法のひとつです。また、可能であれば、机や作業スペースを窓のそばへ移動して自然光を採り入れるのも効果があるでしょう。

＊

　視覚の敏感性のある人の中には、サングラスのようなアーレン着色レンズに助けられている人もいます。ヘレン・アーレン（Helen Irlen）が開発したこのレンズは、特に周囲を知覚しにくい人や、字を読むのが難しい人に効果を上げています（Irlen, 1991）。この眼鏡をかけていると、気分をリラックスさせやすくなったり、明るい光がそれほど苦ではなくなったり、運動協調性を乱しかねない知覚の歪みに悩まされにくくなったりします。着色レンズは、各人が自分に最適なものを選ばなけ

ればなりません。もうひとつの選択肢は、近所のサングラス店で売っている淡い色の眼鏡から選ぶことです。私の場合、薄いピンクや紫、茶色が効果的です。着色レンズで助かっているという声は多いのですが、アーレン・レンズは実験で効果が実証されていないため、一般的には賛否両論のある療法と見なされています。

*

作業療法士のバンカー（2003）は、暗い色の眼鏡をかけるか、コンピューター画面の輝度を調節するよう勧めています。もっと望ましいのは、ブラウン管のディスプレーを、ちらつきの少ない薄型ディスプレーに取り替えることです。また、デスクトップパソコンの薄型ディスプレーには蛍光灯が入っている場合があるので、ノートパソコンの方が好ましい場合もあります。画面のちらつきがないノートパソコンのおかげで、学問をあきらめずにすんだ学生を私は何人か知っています。

*

なかには、多くのものが見えすぎることが過剰刺激の原因になっている自閉症スペクトラムの人もいます。その場合、作業スペースを人通りの多い場所のそばにしないとか、そういう場所に面した位置を避けるなどの方法が効果的です。気が散らないよう、机を壁に向けるのもいいでしょう。幸い、比較的新しいオフィスでは作業スペースが高めの壁で仕切られている場合が多く、気を散らせるものが見えにくくなっています。

*

視覚の敏感性のせいで、探しものが見つけられないという人もいるでしょう。このような人は、視覚情報の処理が追いつかないため、その時に必要なたったひとつのものが文字どおり見つけられないのです。文書は、黄褐色やグレー、薄い青または緑色の紙に印刷した方が、コントラストが弱くなって読みやすいでしょう。文書にかぶせる色付きの透明シートも多くの人に

役立ちます。さまざまな色を試して、最も効果のある色を見つけてください。

触覚の敏感性

自閉症スペクトラム障害のある子どもについて、親が何か「おかしい」と思うきっかけのひとつは、たいてい触覚の敏感性と関係しています。多くの子どもは2～3歳前後に自閉症スペクトラム障害の診断を受けますが、それはわが子が自分と心を通わせられないことを親が心配するからです。例えば、親が子どもを抱きしめても、子どもは親を抱きしめ返しません。私は母に抱きしめられた時、体をこわばらせ、腕の中から逃れました。その身体的な感覚は私には対処しきれないものでした。抱かれたい気持ちは山々だったのに、触れられるのを避けたのです。

こうした反応を触覚防衛と呼びますが、これは職場でも問題になります。例えば、同僚がそばを通った時にたまたま自分の身体に触れたら、触覚防衛のある人は飛び上がって驚くか、けんかを始めてしまうかもしれません。そして、けんかをすれば間違いなくクビになるでしょう。ちくちくするウールの服や、シャツのタグ、靴下の糸などは、自閉症スペクトラムの人が効率的に働けなくなるほど気の散る原因になる場合もあります。

【対策】

触覚防衛は、職場における問題の中ではきわめて対処しやすい部類に入ります。一例としてバンカー（2003）が勧めているのは、衣服の着心地をよくすることです。それには、シャツのタグを切り取るとか、下着を裏返しに着るとか、柔らかい素材の服を選ぶなどの方法があるでしょう。たいていの場合、何度も洗濯した服の方が新しいごわごわした服より着やすいものです。同じ理由から、古着屋で買った服の方が柔らかくて着やすいと気づいた人もいます。

*

　もし職場が広くて、そこに大勢の人がいるのなら、触覚防衛のある人は誰かとぶつかったりしないように、部屋の端の方に作業スペースを確保するようにしましょう。また、バンカーはリラックス法——深呼吸をすること、迷惑にならなければ静かな音楽を流すこと、仕事後にストレス解消のための習慣を行うこと——を実践して、自分自身をいい状態に保つべきだと述べています。噛みごたえのあるものを食べるのも、神経系を鎮める方法のひとつです。エネルギーや集中力をいますぐ高めたい人は、レモン味のキャンディーなどのすっぱいものや、刺激の強いペパーミントキャンディーを食べるといいでしょう。

嗅覚の敏感性

　自閉症スペクトラムの人は、匂いによって非常に気が散ることがあります。嗅覚の敏感性は、ここで挙げた感覚の敏感性の中ではそれほど多いものではありませんが、やはり生活に不便を来す場合があります。隣の作業スペースにいる人がハンドローションを使ったり、にんにく入りの昼食をとったり、口臭があったりすると、そのたびに吐き気やめまいが襲ってくる——そんな状況を想像してみてください。香水の匂いを不快に感じる人もいます。その一方で、まったく気にならないという人もいるでしょう。

【対策】

　匂いによる不快感を抑える簡単な方法は、ガムを噛むことです。ミント味かシナモン味のガムを噛めば、その匂いが鼻のあたりに漂うので、ほかの不快な匂いを感じにくくできるとバンカー（2003）は述べています。そのほか、まさに匂いをごまかすために作られたさまざまな市販製品を利用する手もあります。例えば、意識を集中させるには青リンゴの香りが効果的だし、バニラやラベンダーは気分を落ち着かせ、ペパーミントはエネ

ルギーを引き出す、とバンカーは指摘しています。ろうそくもやはり嫌な匂いを散らすのに効果的ですが、ほとんどの職場では安全上の理由から使用が禁止されているので、芳香剤を使うのが一番です。場合によっては、不快な香水を職場につけてこないよう、同僚に頼むことも可能かもしれません。

その他の手段

聴音療法

　感覚にまつわる問題のある人の中には「聴音療法」が効く人もいます。この療法では、感覚系の敏感性を減じるよう特別に変調した音楽を使います。しかし、誰にでも効くというわけではありません。これは自閉症に対処する際について回る問題なのですが、ある人に効く療法が必ずしもほかの人にも効くとは限らないのです。

　聴音プログラム（聴覚訓練）が一部の人にもたらすメリットとしては、以下のようなものがあります。

- ≫　音に対する敏感性の軽減
- ≫　受容言語能力と表出言語能力〔言葉を発する能力〕の改善
- ≫　感覚への過負荷から来るストレスの軽減

アラート・プログラム

　アラート・プログラムとは、作業療法士が何年もかけて開発した手法を使用し、感覚系の状態を整える方法をあらゆる年齢の人に教えるものです。アラート・プログラムを開発したのは、作業療法士のメアリー・スー・ウィリアムズ（Mary Sue Williams）とシェリー・シェレンバーガー（Sherry Shellenberger）です。1996年刊の2人の著書『あなたのエンジンはどう動きますか？——自己調節を行うためのアラート・プログラムのリーダー向けガイド』（*How Does Your Engine Run? A Leader's Guide to the Alert*

Program for Self-Regulation）には、身体の警戒状態を変化させたり維持したりする方法のほか、その根底にある感覚統合の理論が詳しく説明されています（www.alertprogram.com）。このプログラムでは、参加者にまず自分のエネルギーレベルを調べる方法を教えたうえで、状況に応じ、自分をゆったりさせたり奮い立たせたりする方法を教えます。例えば、気持ちを落ち着けて考えを集中させなければならない場合は、腕を伸ばして壁に両手をつき、立ったまま何度か素早く腕立て伏せをします。テストを受ける直前には、右脳と左脳を活性化させるために両腕を交差させて前に伸ばします。

怒りをこらえるには

　自閉症スペクトラムの多くの人が抱えている大きな問題は、感情の調節です。こうした人たちは感覚処理にまつわる問題があるため、よくいらいらしたり腹を立てたりします。あまりにも多くの刺激に攻撃されるせいで、周囲の状況が自分ではコントロールできないように感じるのかもしれません。カッとなって暴言を吐く人もいれば、不安になって自分の殻に引きこもってしまう人もいます。いずれにせよ、感情の起伏は本人だけでなく、周囲の人にとっても大きな問題になることがあります。

　職場で怒りを爆発させれば、同僚は危険や恐怖を感じます。自分の殻に引きこもってコミュニケーションをとらないのも、職場では問題です。どちらの反応も、それほど長くは許されないでしょう。特に昨今は社会全体がぴりぴりしていて、暴力に対する目が厳しいため、なおさら許されにくいはずです。ほかの人とうまくやっていけないというのは、主な解雇理由のひとつになっています。したがって、自分を抑えられなくなりそうだと気づいた時にどうするかを知ることは、人生勉強の中でも重要な位置を占めているのです。

　怒りの爆発は学校でも職場でも許されないでしょう。要するに、誰かを殴ったりコンピューターを投げたりすれば、クビになるので

す。私は高校でほかの生徒にいじめられて、何度か殴り合いのけんかをしました。そんな体験を経て、怒りをこらえることを覚えました。怒りの感情を泣くことへ転換したのです。私が我慢することを覚えざるをえなかったのは、生徒数の多い高校にいた時、私をいじめた女子生徒に本を投げつけたせいで退学になったからです。寄宿学校に入ってもやはり殴り合いをして、乗馬をお預けにされたことがあります。

　それ以来、私は怒りの感情を泣くことへ転換するようになりました。同僚とトラブルがあった時は、牛囲いの中に隠れて泣きました。泣くことは職場でも許されますが、激しい怒りは許されません。私は、自分にとっての怒りの感情が、檻（おり）の中でうなっているライオンのようなものであることを学びました。たとえ1センチでも檻の扉を開けることは、危険きわまりないのです。ライオンが扉を押し開けてしまったら、もう私の手には負えないからです。

　私はこれまで多くの食肉工場で新しい設備を設置してきました。設備の設置時には、トラブルや生産時間のロスが発生するのはふつうのことです。でも、大がかりな設備の設置を経験したことのない工場長は、往々にして新しい設備が5分後には順調に稼働すると思い込んでいます。実際に何度か設置作業で問題が起きた時、工場長は私を怒鳴りつけました。私は冷静さを失わないように、2歳児を見るような目で相手を眺めました。この子はおもちゃを壊されたと思ってかんしゃくを起こしているのだ、と考えたのです。そしてこの局面を、「新設備の立ち上げにおけるかんしゃく段階」と呼んだものです。このような時、私は静かに工場長の手を取って会議室へ連れていき、工場は壊れたわけではないし、多少の生産のロスはふつうのことなのだと説明しました。

　そのうえで、重大なトラブルが起きたほかの事例について話して聞かせ、あなたの工場はよそに比べればいい方ですよ、と安心させました。そのほか、新しい設備の操作中に怒鳴られ、まったく反応を返さずに操作を続けたこともあります。工場長が立ち去った後、

≫≫≫ほかの人とうまくやっていけないというのは、主な解雇理由のひとつです。自分を抑えられなくなりそうだと気づいた時にどうするかを知ることは、人生勉強の中でも重要なことです。

第2章　職場に適応するには　43

牛囲いに入って泣きました。

　働きはじめてから現在に至るまで、私は失職するような怒りの爆発を起こしたことはありません。それは、冷静さを失ってしまいそうな危機的状況に対処する方法を意識的に編み出したからです。

　【対策】
　　仕事を失いたくなければ、怒りをこらえる方法を考え出さなければなりません。怒りの感情を泣くことに転換するのは、男性より女性の方が簡単です。しかし、あなたが誰であっても、クビになるよりは泣く方がましでしょう。あなたをわざと怒らせようとする同僚もいるかもしれません。そんな時は上司に相談し、もしかしたら別の作業スペースへ移ったり、転属または転勤したりする方がいいかもしれません。もうひとつの手段は、意地悪な同僚に一緒に対処してくれるような強力な味方を作ることです。

*

　　原則として、意見が分かれるような宗教的・政治的・性的な話題を職場で語り合うのは避けましょう。こうしたテーマについて独断的な意見を述べると、同僚に嫌われる恐れがあります。場合によっては、ストレスを感じるから外へ出て気分を落ち着けてきます、と丁重に伝えなければならない時もあります。人と対立したら、必ずエスカレートする前に切り上げましょう。また、有酸素運動をたっぷり行うと、怒りをこらえやすくなるかもしれません。激しい運動は神経系を鎮め、意識を集中させやすくするのです。後述する薬物療法のほかに、瞑想とリラクセーション法も、怒りなどの強烈な感情の抑制に役立つ場合があります。瞑想もリラクセーション法も職場で行えます。爆発しそうだと感じた時に行けるような、空き部屋や屋外のベンチを見つけておきましょう。いったん爆発してしまったら、暴力を振るったり後悔するようなことを言ったりしないうちに、た

だちに外へ出て同僚から離れなければなりません。昨今の世の中では、暴力行為には情状酌量の余地がまったくないのです。

薬物療法

　感覚系の問題を調節し、うつや不安感を抑える手段のひとつとして、薬物療法を利用するケースが増えてきています。近年、脳について多くの事実がわかったうえ、自閉症スペクトラムの人がもっと標準的で生産的な生活を送るのに役立つような薬も、いろいろ開発されました。薬を使って問題に対処するという方策は、じっくり真剣に検討して決めなければならない事柄です。この選択肢を考える時は、まず有能な医師を探すことから始めてください。例えばサポートグループなどで知り合った人に、医師を推薦してほしいと頼んでみましょう。

　私の場合、薬物療法は長年にわたって効果を発揮しています。『自閉症の才能開発』で書いたように、私は思春期に入ってひどく不安感を覚えるようになり、その不安感は年々強まっていきました。人によっては、思春期にいくつか問題を抱えても、その後は落ち着いて薬物療法をまったく必要としないかもしれません。私の不安感はまるで常に「舞台恐怖症」に襲われているような感じでした。この不安障害は、34歳になって目の手術を受けた時も続いていました。それどころか、手術によっていっそう悪化したのです。そこで、私はこの問題を解決できそうな生化学的な方法について、読める限りの資料を読みあさりました。そして、不安感を和らげるということが研究で明らかになっていた抗うつ薬を、かかりつけの医師に処方してもらったのです。

　効果は2日もたたないうちに感じられました。抗うつ薬を飲まなければ、私の身体は常に生理的な警戒状態にあって、存在しない捕食者から逃走する態勢をとっているのだということがわかってきました。自閉症スペクトラムの多くの人は、神経系が敏感なためにこ

>>> 原則として、意見が分かれるような宗教的・政治的・性的な話題を職場で語り合うのは避けましょう。

れと同じ状態にあります。しかし自閉症ではなくても、うつや不安感に陥っている人の中にはこのような状態の人が大勢います。神経系が逃走に備えた生物学的状態になっているのです。

　それから3年後、私は抗うつ薬を別のものに切り換えました。同系統の薬でしたが、私にとっては副作用が少なかったのです。現在では、自閉症スペクトラムの人が利用できる薬の選択肢はさらに広がっています。しかもたいていの場合、口の渇きや便秘といった副作用はいっそう少なくなっています。

　薬物療法は自閉症スペクトラムの多くの人にとって救いの神にもなりますが、服用量——あるいは薬の種類——を間違えると大変なことにもなりかねません。てんかんをもつ自閉症スペクトラムの人に不適当な薬を投与すると大発作を引き起こす場合があるとか、抗うつ薬を過剰に投与された人が激しく怒りだしたとか、恐ろしい話を私はいろいろ聞いています。

【対策】

　自閉症スペクトラムの人が服薬する場合の原則は、まず少量の服用から始めて、ずっと少量を維持していくということです。ボストン在住の自閉症の専門家ポール・ハーディー（Paul Hardy）博士と、ハーヴァード大学医学部の精神科医ジョン・レイティ（John Ratey）博士によれば、自閉症の人は脳内のセロトニン系の発達異常のため、自閉症のない人より抗うつ薬の必要量が少ない場合が多いといいます（Hardy, 1989; Ratey et al., 1987）。なかには、通常の量の4分の1から3分の1しか必要としない人もいます。服用量が多すぎると、気持ちが動揺したり、攻撃的になったり、興奮しやすくなったりします。量が正しくない時、最初に現れる症状は不眠です。こうした症状が現れたら、抗うつ薬の服用をやめるか、量を減らさなければなりません（Hardy, 1989; Ratey et al., 1987）。ただし、この種の判断は常に主治医と相談のうえで下すべきです。

＊

　自閉症スペクトラムの人は、激しい怒りや攻撃性を抑えるために リスパダールを使うことがあります。カナダ在住の自閉症の専門家ジョー・ハギンズ（Joe Huggins）博士は、自閉症スペクトラムの人には投与量をやはりごく少量に保たなければならないということを発見しました（Huggins, 1995）。薬物療法、食事療法、感覚系に対する療法を組み合わせると、いずれかひとつの療法のみを使うより効果的な場合があります。

＊

　『自閉症だったわたしへ』（原著1992年。邦訳は河野万里子訳、新潮社、1993年）の著者ドナ・ウィリアムズ（Donna Williams）は、非常に深刻な視覚の問題について書いています。ドナの場合、音への敏感性の問題も深刻で、会議で起きる拍手さえ我慢できないほどでした。しかし現在では、カゼインおよびグルテン抜きの食事療法と、アーレン・レンズ、そしてごく少量のリスパダールを組み合わせることで、広い会議場にもいられるようになっています。最近ある会議で会った時、彼女は新しいドナになっていました。従来の医療と代替療法を組み合わせたのが大成功だったのです。ドナにとってリスパダールは感覚上の問題を軽減するのに役立ちましたが、特別な食事療法を続けることも不可欠でした。

＊

　頭を柔かくして、いろいろな方法を試してみてください。ビタミンのサプリメント——Ｂ６など——や、マグネシウム、ジメチルグリシン（DMG）に助けられている人もいます。バーナード・リムランド（Bernard Rimland）博士がサンディエゴに創設した自閉症研究所（Autism Research Institute）のウェブサイト（www.autism.com）を見ると、DAN（Defeat Autism Now——いまこそ自閉症を克服しよう）計画に関する情報が得られます。あなたに役立つかもしれない食事療法やサプリメン

トについての情報も載っています。

*

　自閉症スペクトラムの人が実り多い人生を送れるようにするうえで、薬物療法がその唯一の手段だと考えることは絶対にやめてください。生活技能を教え、コーチングすることが重要なのです。運動もまた、気持ちを鎮めるのに大いに効果的です。私の場合、運動によって不安感が和らぎ、睡眠の質が向上しました。運動は体調を整えるだけでなく、エンドルフィンの産出も促します。エンドルフィンは、気分をよくし、集中力を保つのに役立つ脳内化学物質です。

*

　薬物療法についてどう決定するのであれ、自分に最適なタイプの薬を判断する時はさまざまなタイプの薬について資料を読み、経験豊富な医師に相談してください。最良のものを見つけるには、何種類もの薬を試さなければならないこともあるでしょう。でも、うんざりしないでください。これはあなたの人生についてよい決断を下す作業の一環なのです。

職場で必要なソーシャルスキル

　従業員が職場でうまくやっていけない主な理由のひとつは、同僚と上手につき合えないことだ、と雇用主たちは言うでしょう。これは誰にとっても大きな問題ですが、私たち自閉症スペクトラム障害のある人間には、深刻な結果をもたらしかねません。職場を円滑に運営していくには、従業員同士がうまくつき合わなければならないのです。これを避けて通ることはできません。つまり、ほかの人とのつき合い方を知ることは大切な勉強なのです。妙な話ですが、音声言語をもたないなど、明らかな障害のある自閉症スペクトラムの人の方が、仕事関連の社交問題にはあまり悩まずにすむ場合が少なくありません。周囲の従業員は、いったん自閉症を理解すると、た

いていはとても協力的になるからです。職場での駆け引きや嫉妬に最も悩まされるのは、標準に近い人なのです。

　人づき合いのトラブルは、自閉症スペクトラムの人にとっては大問題です。自閉症の人の多くは人間関係に関してうぶなので、誰もが正直で親切なものだと予想しています。世の中には私たちを利用するような人もいるのだと知れば、ショックを受けるかもしれません。理想としては、あなたの自閉症について雇用主が従業員に知らせるべきなのです。そうすれば、従業員は私たちの比較的奇妙な特質のいくつか——特定のテーマに固執することや、ときどき風変わりな服装をすること——をもっと理解し、許容してくれるかもしれません。もちろん、それはあなたが雇用主に障害を表明している場合です。ここで、まったく違う問題が浮かび上がってきます。表明するべきかどうかということです。技術関連の多くの業種には、アスペルガー症候群の人や、自閉症のような行動を示す人が大勢います。そういう職場では、表明しない方がいいでしょう。もっとソーシャルスキルが必要な業種では、表明した方が賢明かもしれません（付録参照）。

　自閉症の人がもつ長所の中には、仕事の妨げになりかねないものもあります。例えば、私たちは高い集中力をもっていますが、そのせいで頭の切り換えが難しいかもしれません。部下を管理することも困難な場合があります。顧客や同僚と接する機会が多ければ、それは特に難しくなるでしょう。私の知っている男性は、長年、建築事務所で問題なく働いてきましたが、顧客と接することの多いポストに昇進した後、失職してしまいました。いい仕事に就いていたのに、管理職に昇進したら失職したという話は、高い技術をもつ自閉症スペクトラムの人たちからいろいろな会議で聞いています。

　この問題の解決策として、一部の技術系会社は方針を転換し、優秀な「技術屋」には「技術屋」向けの昇進コースを歩めるようにしています。こうした人たちを管理職につけて、つぶしてしまわないようにしているのです。また、これと関連しますが、有名な技術系

大学であるマサチューセッツ工科大学（MIT）はソーシャルスキルの授業を設けました。自閉症の特質やアスペルガー症候群の特質をもつエンジニアは大勢います。イギリスのサイモン・バロン＝コーエン（Simon Baron-Cohen, 2000）が行った研究では、自閉症スペクトラムの人の家系にはエンジニアがほかの家系の2倍いることが示されました。これは私にもぴったり当てはまります。祖父はMITで教育を受けたエンジニアで、航空機の自動操縦装置を考案した1人なのです。

ほかの人とうまくやっていくには

　身につけるべきソーシャルスキルのうち最も重要なのは、同僚の感情や社会的な手がかりの読み取り方を知ることでしょう。同僚に好かれていなかったとか、才能を妬まれていたなどという事実に気づかなかったせいで職を失った自閉症スペクトラムの人の話は、何度も聞いたことがあります。

　ある男性は、コンピューターにポルノ画像が入っているのを雇用主に見つかり、クビになりました。しかし、この男性は無実でした。おそらく同僚が嫉妬か怒りから、その画像をコンピューターに忍び込ませたのでしょう。ほかに、私が顧客の家畜施設に取り付けたばかりの設備を、私に不満な従業員が壊してしまったという例もあります。これは極端だとしても、同僚の私生活の浮き沈みには対処できるようにならなければなりません。なかには自分の個人的な悩みをやたらと話したがる人もいるのです。人生経験をある程度語り合うことは必要ですが、度が過ぎると、職場が緊張に満ちた不愉快な場所になります。

　【対策】
　私が新しい顧客と仕事を始める時に気をつけるのは、私が侵入する領域を「縄張り」としている従業員が、どんなボディランゲージを示すかです。打ち合わせの時、腕組みして座ってい

る人や、特に無口な人、自分に無愛想に振る舞う人を探しましょう。私の職種の場合、嫉妬するのはたいてい工場長でもなければ、管理者でもなく、時給労働者でもありません。私と同じような仕事をする保守管理責任者や主任エンジニアである場合が多いのです。こうした人たちは消極的な方法で攻撃してきます。あなたのプロジェクトで一緒に作業をする際にとても動きが鈍かったり、もしかしたら設置作業の山場で手伝いに来ようとしなかったりするかもしれません。どんな状況であれ、仕事を台無しにする方法はいつだって無数にあるものです。

＊

　こうした問題に対して何ができるでしょう？　相手を知るように努めてください。相手の怒りや、仕事に関する不安を和らげるためです。できるだけ意見を聞き、あなたのしている仕事に引き込んでください。相手の家族の話をしたり、どんな人生を歩んできたかを知ったり、自分の経験を話したりしてください。もしかしたら相手は「自分の仕事」と思っている作業によそ者が雇われたため、脅威を感じているのかもしれません。こうした努力をしてもらちが明かないなら、自分の上司に相談しましょう。

＊

　同僚や顧客への「口の利き」方を知ることも、仕事を失わないためには重要です。『ぼくとクマと自閉症の仲間たち』（原著1994年。邦訳はニキリンコ訳、花風社、2003年）の著者トーマス・マッキーン（Thomas McKean）は、コンピュータ・プログラミングの教授より優れたプログラムの書き方を見つけたせいで落第させられた経験について語っています。トーマスはよく黒板の前へ歩み出て、教授の書いた例を消して訂正していたのです。トーマスのストレートな態度と物言いが問題の原因だったことは間違いないと思います。でも、もっと創造力のある教授なら、トーマスの批判をクラス討論につなげる方法を見

》》》同僚や顧客への「口の利き」方を知ることも、仕事を失わないためには重要です。

第2章　職場に適応するには　│　*51*

つけられたはずだと思います。指導的地位にある人に異議を述べる方法を知ることは、大切な勉強です。

*

働きはじめて間もない頃のことです。飼養場を建設する大企業で仕事をしていた時、私は牛用の新しいスロープの設計・建設契約をある食肉加工工場と結びました。その建設中、私は数人の作業員のずさんな溶接のしかたをうかつにも批判してしまいました。すると、工場のエンジニアが私を脇へ引っ張っていき、小さな問題が大問題に発展しないうちに謝るよう忠告してくれました。そこで私はカフェテリアへ行き、スタッフに謝りました。この時、問題点の話し合い方について重要な教訓を学んだのです。

*

仕事で問題が起きているのを発見した時、相手またはその人の仕事を悪しざまに罵ったりしてはいけません。かわりに、その仕事について相手と会話するのです。いま何をしているかを説明させることができれば、相手は自分が犯している間違いに気づき、やり直すかもしれません。

*

とはいっても、私は教訓を完全にマスターしたわけではありませんでした。1年後、その食肉加工会社の社長とトラブルを起こしてしまったのです。きっかけは、私が社長に手紙を書き、別の工場で何かの設備がいいかげんに取り付けられていると批判したことでした。社長は、まるで自分がいいかげんな組織を運営していると言われたように感じ、気分を害してしまいました。この時、私を救ってくれたのは工場長でした。のちにこの工場長は、職場における非常に重要なメンターの1人になりました。

*

この工場長から学んだ特に貴重な教訓のひとつは、才能は敬

意を獲得できるということでした。初めて工場に行った時、私は文字どおり厄介者でした。べらべらとしゃべりまくる私に工場長は苛立ったはずですが、どうにか我慢してくれました。それは私がかなり賢い問題解決策をいくつか考え出せたからです。例えば、ゲートの縁をビニールのミルクホースで覆い、家畜が傷つかないようにするといった方法です。

＊

才能をもっていれば、職場で風変わりな振る舞いをしても許される場合が多いものですが、身だしなみがだらしないと、たいていは問題視されます。これはソーシャルスキルの中でも非常に重要な部分なのです。家の外でほかの人たちと一緒に過ごすには、できるだけ周囲に溶け込まなければなりません。身なりもそうです。みんなと同じ格好をしろとは言いませんが、だらしない格好はいけません。私が社会人になって間もない頃、建設管理者が、自分の部の秘書に私をショッピングに連れ出させたことがありました。服を買わせるためです。この人もやはり私のメンターの1人で、その会社でうまくやっていくための社交上の心得をとてもはっきり口にしました。身体に消臭剤をつけろとまで言ったのです。私は当時はそんな言い方に反感を覚えましたが、後になって、とてもありがたいことだったのだとわかりました。

＊

メンターをもつことは、職場の社会的ルールを学ぶ絶好の方法です。私の場合、メンターがいたことと、ひたすら経験を積んだおかげで、長年の間に比較的そつのない駆け引き上手な人間になりました。自分を採用してくれた上司の頭越しに何かをすることは、本人の許可を得ない限り、絶対に避けなければならないということを私は学びました。真っ先に思い知った教訓は、人に向かって「あなたはバカだ」と言ってはいけないということです。上司にバカと言ったせいでクビになった自閉症ス

>>> メンターをもつことは、職場の社会的ルールを学ぶ絶好の方法です。

第2章 職場に適応するには | 53

ペクトラムの人を私は何人か知っています。

*

　私たちには、否定的な事柄を指摘する傾向、つまり、けちをつける傾向があります。そういった否定的な事柄は私たちの秩序感覚を乱すからです。基本的に、同僚や上司の仕事ぶりについては好ましい点を探しましょう。そうすれば、何か問題点があっても、それを肯定的な事柄で帳消しにすることができます。ある仕事に就いていた時、工場のエンジニアが油圧装置の設置方法を間違ったことがありました。その結果、私たちはそれを取り外して、もう一度作り直すはめになったのですが、私はそのエンジニアを元気づけるため、電気パネルの出来映えをほめました。実際、電気関係の仕事ぶりはほめるに値したのです。

*

　仕事の世界に入る前に、できるだけ外交術を学んでおきましょう。ほかの人たちを観察し、互いにどうつき合っているかを勉強するのです。また、才能のある人たちがどんなふうに世の中を渡っていったかを知るために、本などを読みましょう。私の場合、国際交渉についての本を読み、それを手本にして外交術を勉強しました。多くの場合、私はただ単にトラブルを起こしそうな人を避けます。ボディランゲージや表情を見れば、たいてい見分けがつくのです。そういう人は、身体をこわばらせ、腕組みしたまま座っていて、表情を変えません。

*

　つい最近、自閉症の１人の女性が私のアドバイスに対してこう答えました。「正直が最善の策ですよ」。私はその女性に、あらゆることについて自分の意見を述べなくても正直でいることは可能ですよ、と伝えました。あなたは上司や同僚を批判するためではなく、仕事をするために雇われたのです、と説いたのです。もし誰かの間違いを正さなければならなくなったら、「これをこんなふうにやれば、もっとうまくいきますよ」など

と言いましょう。

*

そのほかのアドバイスは、陰口を叩かないということ、そして電子メールには同僚や上司をけなすような個人的情報を決して書かないということです。気に食わない上司や同僚を悪く言うメールは絶対に書いてはいけません。メールに不適切なことを書いたせいでクビになった人は大勢います。社内の問題について同僚と個人的に話したいなら、メールは使わないことです。外へ昼食をとりに出かけるか、公園で座って話をしてください。メールは、削除しても完全には消えません。上司はサーバーから取り出すことができるのです。ある企業の従業員は、怒った時の上司の顔が「ぶるぶる震える腐ったカボチャ」に似ているとメールに書き、クビになりました。

*

もうひとつ、トラブルの種になりかねないのは、ほかの従業員について陰口を叩くことです。これはやめましょう。私が前に会話をしたある女性は、優秀な従業員だったのに、職場でデリケートな話題を持ち出したせいで面倒な事態に追い込まれたそうです。相手が大の親友でもない限り、セックスや宗教、政治などの話題は避けるのが一番です。スポーツや映画、趣味、仕事、天気、週末に何をしたかなどについて話す方がずっと無難です。宗教や政治について過激な意見を主張すれば、同僚は辟易(へきえき)するかもしれません。

上司に関する問題

上司の交代というのは、誰にとっても——自閉症スペクトラム障害があろうがなかろうが——問題を引き起こしかねない出来事です。私が会った何人かの自閉症スペクトラムの人は、才能を評価してくれた上司が会社を辞めるまで何の不安もなく働いていました。しかし新しい上司が来ると、毎日が地獄になり、なかには失職した人さ

>>> 自閉症であるかどうかにかかわらず、仕事で成功するには計画と毎日のスケジュールが必要です。

第2章 職場に適応するには

えいました。暴君が権力の座につくと、あらゆる人の毎日が地獄になるものです。私は30年間コンサルティング業を営むなかで、約50の企業と長期に及ぶ複雑なプロジェクトに取り組んできました。その過程でとても立派な上司もいましたが、悪い上司もいました。悪い上司は従業員の毎日を地獄にするだけでなく、その企業自体にも大損害を与えていました。

　悪い上司には2種類います。最初のタイプは、誰にとってもひどい上司です。もうひとつのタイプは、「神経学的機能が標準の」人とはうまくやっていくけれども、アスペルガー症候群の「変人」は好まない上司です。私も2番目のタイプの上司に悩まされたことがあります。私が記事を書いていた雑誌の責任者が交代し、新しい責任者のジムが私を変人と見なして、お払い箱にしようとしたのです。対人関係の機微に通じていなかった私は、そんな気配に気づきませんでした。しかし、グラフィック部門にいた友人スーが警告してくれ、その後、私の記事の作品集を作る手伝いをしてくれました。ジムはその作品集を見て私の仕事を認め、お払い箱にするかわりに報酬を上げてくれました。

　これほど上首尾にはいかない場合もあります。どうしても相性のよくない人もいるのです。大企業や政府機関に勤めている人は、誰かとそりが合わなければ異動させてもらうこともできるでしょう。しかし小規模な企業に勤めている人は、同僚と仲良くなり、味方になってもらわなければ、困った状況に陥ります。

　場合によっては、自閉症スペクトラムの従業員もそうでない従業員も、厄介な上司のもとで働くすべを知るしかないこともあります。これでは従業員として生産性が発揮できませんが、職自体が少なく、給料が必要な時は、人はこんな状況にも我慢するものです。人生で出会うほかの組織と同じように、職場にもやはり長所と短所があり、その両方を受け入れなければならないのです。

職場での管理能力

　職場ですべてを整然と管理しておくのは、ほとんどの人にとって難しいことです。これはとても重要な能力なのに、親は子どもにあまりうまく教えていないのです。自閉症スペクトラムの人にとって、しっかりした管理能力は必須のものです。この能力があれば、仕事をさらにうまく円滑に行うことができるし、もっとやりがいが感じられるようにもなります。場合によっては、職を失うかどうかさえ左右しかねません。

人生の全体像

　自閉症であるかどうかにかかわらず、仕事で成功するには計画と毎日のスケジュールが必要です。このテーマに関しては多くの本が書かれているので、説明は簡単にします。

　まず最初に、自分にとって人生で何が大切かということを心に留めておかなければなりません。こう書くと何やら大変なことのように思えるかもしれませんが、難しく考える必要はありません。『7つの習慣——成功には原則があった！』（原著1990年。邦訳はジェームス・スキナー、川西茂訳、キングベアー出版、1996年）の中で、著者のスティーヴン・コヴィー（Stephen Covey）は、さまざまな選択を行う際の基準になる個人的な使命宣言書を作るよう勧めています。この宣言書を作るために、コヴィーはまず家族や友人、隣人、顧客、同僚など、さまざまな関係者に自分の葬儀で何と言ってもらいたいかを考えてほしいと述べています。つまり、自分のどんな部分を覚えていてもらいたいかを考えるのです。たいていの人はいい部分を覚えていてもらいたいでしょう。人に親切だったとか、仕事で優秀だったなどということです。

　仮にあなたにとって重要なのが、優れた写真家になることだとします。つまり、印象的な写真を撮り、それを地元ギャラリーに展示

≫≫≫特別な才能や技能を評価してくれる雇用主、事業の運営にそういった才能を必要とする雇用主を見つけましょう。

第2章　職場に適応するには　57

することについて、できる限り情報を集めたいわけです。となると、これがあなたの人生の最大の焦点になります。あなたはこの目的の達成につながるような種々の目標を選ぶことで、毎日、それを後押ししていきます。言い換えれば、どんな行動も、どんな選択も、すべてその目的を後押しするものでなければならないのです。

役割	目標
写真家	1. 大学の授業の受講を申し込む
	2. フィルム5本を使って練習する
	3. 地域の写真コンテストに応募する
	4. 写真の業界誌を読む
	5. 地域で開かれる写真家の会合に参加し、知り合いを3人作る

これを出発点として、人生でどんな役割が大切かを決めていってほしい、とコヴィーは書いています。いくつかの役割を決めたら、それぞれについて目標を選び、それを1週間のカレンダーに当てはめるのです。コヴィーによれば、人生の全体像を見渡すには1週間ずつ計画を立てるのが大事なのだそうです。ただし、仕事によっては日数を増減してもいいかもしれません。

▶日々すべきこと

注意欠陥障害に関する本を書いている心理学者トム・ハートマン (Thom Hartmann) も、目標を紙に書くことや、その達成方法について予定・計画を立てることを提案しています。著書『エネルギーを集中させよう——注意欠陥障害のある人が仕事で成功するには』(*Focus Your Energy: Hunting for Success in Business with Attention Deficit Disorder*, 1994) の中で、ハートマンは目標を視覚化・具体化できるよう、目標を書いた紙を身の回りのあらゆるところに置くよう勧めています。

また、仕事の作業に優先順位を付けるため、表2.2のような管理方法を推奨しています。
　スケジュールを把握しておくには、大きなカレンダーが必要です。そこにプロジェクトの予定や面会の約束を書き入れるのです。私は最近の凝った電子手帳はどれも使えません。情報を頭に入れるためには、手で書かなければならないのです。私たち自閉症スペクトラムの人間の多くには、具体的で視覚的なものが最も役立ちます。私の場合、1カ月がまるごと見られるカレンダーが必要です。これがあればスケジュールが混乱せずにすみます。それに、数日後または数週間後の仕事もすぐに目に入ります。
　視覚型思考者である私にとって、順序付けは物事を管理する作業の中でも特に難しい事柄です。だから自分のしていることを把握し

表2.2　作業に優先順位を付ける

1. レポート用紙に1日の「やることリスト」を書く。また、机の上か作業スペースのどこかに箱をふたつ用意して、それぞれ「A」「B」と書く。机の空の引き出しに「C」と書いたラベルを貼る。
2. リストの項目すべてと、仕事の書類すべてに、「A」「B」「C」のいずれかを書き込む。これを毎日行う。
3. 「A」のものは、ただちにやらなければならないこと。「A」に分類したものは、どれから処理していくか順番を決める。大きなプロジェクトがあれば、1～2時間分の作業に小分けし、やはりすべてを「A」とする。「A」のプロジェクトに関する書類はすべて「A」の箱に入れる。
4. 「B」のものは、「A」のものが全部終わった後に取りかかる。「B」と書かれた書類はすべて「B」の箱に入れる。
5. 「C」のものは重要度が最も低いので、最後に処理する。「C」の書類はすべて「C」の引き出しに入れる。
6. リストを毎日チェックして、特に重要なプロジェクトが完了したら、「B」のものを「A」の位置に移動する。

出典：トム・ハートマン（1994）．*Focus Your Energy: Hunting for Success in Business with Attention Deficit Disorder.* New York: Pocket Books.

ておくために、何でも紙に書かなければなりません。コピー機など、新しい機器の操作手順を思い出すのはいまでも苦手です。そのため、すべての作業を正しい順番で書いておかなければなりません。ファクスを操作する説明書きがファクス機から取り外されていた時には、苦労しました。私はただ、手順を書いたリストがあればいいのです。同じように、携帯電話の山のような機能にもまごついてしまいます。ラベルが付いていないので、どのボタンを押せばいいか思い出せないのです。いまでも留守番電話取り次ぎサービスの方が使いやすく感じます。オペレーターが私宛てのメッセージを読み上げてくれ、それを書き留める時間があるからです。ホテルの電話も気に入っています。メッセージの聞き方が実に簡単だからです。「メッセージ」と書かれたボタンを押せば、それで終わりです。携帯電話からメッセージを聞くのはいまだに難しいので、取り次ぎサービスを使います。

仕事で成功するには

　自閉症スペクトラムの人が仕事で成功できるようになるには、たくさんの支援策が必要です。親は子どもがまだ幼いうちから、自分の持ちものや仕事の遂行に責任をもつよう教えていかなければなりません。子どもが大人になった時、この教えが血や肉となり、さらなる成功を遂げるのに役立つでしょう。そして、人生でよりいっそうの充足感を得る手助けにもなると思います。
　一般的に、自閉症スペクトラムの人は、以下のようなアドバイスに従えば職業生活にうまく移行することができます。

1. 徐々に移行していきましょう

　高校生のうちから少しずつ働きはじめましょう。そして、働く時間を徐々に増やしていくのです。私の知っているある母親は、土曜日になると獣医志望の12歳の息子を近くのペットショップへ連れていき、2〜3時間、無償で働かせています。その間、母親

も一緒にそこにいて、さまざまな動物の世話のしかたを学ばせつつ接客もさせます。

2. **協力的な雇用主を探しましょう**

親と教育関係者は、自閉症スペクトラムの人と一緒に働く気のある雇用主探しを手助けするべきです。特別な才能や技能を評価してくれる雇用主、事業の運営にそういった才能を必要とする雇用主を見つけましょう。そのためには、親が手間をかけて地道にリサーチしなければなりません。でも、得られる収穫は大きなものです。多くの場合、コミュニティ・カレッジ〔地域住民の要求に応じたコースを提供する2年制の大学〕には学生向けの就職センターがあり、その地域の雇用主と知り合う仲立ちをしてくれます。そういった雇用主に連絡してみるといいでしょう。

3. **メンターを見つけましょう**

メンターは、重要なソーシャルスキルと仕事の技能を習得するのを手助けすることができます。また、学生に勉強する気を起こさせたり、興味のもてる職業へ導いたりもできます。思いもよらないところでメンターが見つかる場合もあります。電力会社に勤める隣人がよきメンターになることもあるかもしれません。例えば、自閉症スペクトラムの子どもを発電所へ見学に連れていき、どういう仕組みで動いているのかを教えて、子どもにやる気を起こさせてくれるかもしれないのです。私が知っているある母親は地元の大学に連絡を取り、生物学専攻の大学院生にアルバイト料を払って、毎週末、息子を外へ連れ出してもらいました。その息子と大学院生のメンターは、大人になって独立してからもずっとつき合いを続けたそうです。メンター探しに適した場所としては、学校や教会、自宅の近所などがありますが、親戚の中から探すこともできます。おじやおば、教師、隣人、同じ教会に通う信者から、喜んでメンターになってくれる人を見つけ出してください。

4. **雇用主や従業員を教育しましょう**

自閉症スペクトラム障害のある人を支えられるように、雇用主

≫≫自閉症スペクトラム障害のある人を支えられるように、雇用主も同僚もこの障害について教わることが必要です。

第2章 職場に適応するには

も同僚もこの障害について教わる必要があります。また、その人が社会的相互作用においてどんな弱点を抱えているかも理解しなければなりません。失職しかねない状況へ追いやらないようにするためです。

5. **自営の仕事を考えてみましょう**

　特別な才能をもつ高機能の人にとって、これはとてもいい選択肢です。自営なら、よりいっそう仕事がうまくいくように、自分に最適のスケジュールと環境を作ることができます。それに、企業内の駆け引きを回避しやすくもなります。私はコンサルタントとしてある企業にお邪魔し、仕事をして、終わったらそこを立ち去ります。ただし自営業というのは、運営のしかたを誤ればストレスを生む場合もあります。記録管理もしなければならないし、営業活動もしなければならないし、顧客も満足させつづけなければなりません。この道を選ぶ前に、自分がこういったことをする覚悟があるかどうかを考えておきましょう。

6. **作品集を作りましょう**

　自閉症スペクトラムの人は、自分自身ではなく、技能を売り込まなければなりません。これは大半の企業の採用方法とは正反対です。私たちはあまり社交的ではないので、職を得るには大いに才能に頼らなければなりません。仕事の作品集があれば、将来の雇用主や顧客は、あなたがどんな仕事をするかを直接見ることができます。それに、あなたのことを変わった人間だと思ったとしても、性格ではなく仕事ぶりに基づいて判断を下せます。また、この方法なら、非公式のルートで職を得ることもできるかもしれません。私はどの仕事も非公式のルートで得ました。可能であれば人事部を避けて、自分が入りたい部署の人間を直接見つけましょう。

　作品集は、失職の危機を救ってくれる可能性もあります。例えば、新しい上司があなたの社交上の振る舞いを「変だ」と思っても、作品集を見れば意見が変わるかもしれません。ただし、どの

職業でも作品集を作れるとは限らないでしょう。そういう場合は、履歴書や仕事の応募書類を作品集として使います。過去に手がけたプロジェクトや、職務、功績を具体的に詳しく説明するのです。自分の才能のおかげで、顧客の依頼より短期間でデザイン・出版ができた例などを紹介しましょう。あるいは、新しいソフトウェアシステムを作成したおかげで顧客企業の取引高が25％アップした例でもかまいません。具体的に詳しく書くのです。

7. 自分のウェブページを立ち上げ、仕事を見せましょう

ウェブページは将来の雇用主または顧客にアピールする絶好の方法です。雇用主も顧客も、あなたの能力の証拠を見る必要があるのです。ウェブページを作品集の代わり、あるいは補足として使える場合もあります。

8. ほかの人が重宝がり、必要とする技能を身につけましょう

人は私を変人と見なしましたが、牧場主には牛を扱う施設が必要であり、私はそういった施設の設計でトップクラスの存在になりました。現在では、例えば中東地域の言語の翻訳者が多く求められています。あなたがこの技能に長けていれば雇ってもらえるでしょう。私は、革のコートの型紙作りや劇場の照明デザインなど、きわめて専門的な分野のエキスパートになった自閉症スペクトラムの人たちに会ったことがあります。「変」という印象を埋め合わせるためには、必要とされる専門技能において人より上をいかなければならないのです。ちなみに、あなたがいくらビデオゲーム〔テレビゲームやパソコンゲームなど〕をするのが好きでも、そのような技能を求める雇用主はめったにいません！

9. 職種は才能のある分野に絞りましょう

自閉症スペクトラムの人の頭脳は専門的です。ある特定のことは得意でも、ほかのことはそれほど得意ではないでしょう。例えば、私は視覚的な作業は得意ですが、外国語はからきしだめです。だから、翻訳の仕事に転職するのは賢明ではないでしょう。数字が得意だという人は、グラフィック・デザインは苦手かもしれま

≫≫≫自閉症スペクトラムの人は、自分自身ではなく、技能を売り込まなければなりません。これは大半の企業の採用方法とは正反対です。

第2章 職場に適応するには | 63

せん。優れた予算アナリストがウェブページのデザイン業に転職し、失敗したという悲しい話を聞いたことがあります。この人にはデザインの才能はなかったのです。

10. **財務関係の記録管理や、その他の公的記録の管理については、助けを借りましょう**

私にとって複雑な設備を設計するのはたやすいことです。設備を視覚化できるからです。しかし、自営の仕事の中でも、運営面の事務全般を常に整然と処理しておくことは、視覚型思考者には困難です。だから私は会社設立時に人の助けを借りたり、納税手続きのため、自分の収入と支出の分け方を教わったりしなければなりませんでした。自閉症スペクトラムの多くの視覚型思考者には、事務処理と記録管理を継続的に手伝ってくれる信頼できる人間が必要です。ただし、会計を学んだ非視覚型思考者の中には、記録管理を簡単だと感じる人もいるかもしれません。

11. **気分や不安感をコントロールし、ソーシャルスキルをうまく使いましょう**

これは順番としては最後の項目ですが、職場でうまくやっていくには必要不可欠な事柄です。カッとなって同僚を殴ることほど、早く職を失う方法はないでしょう。社会に出ていくなら、この部分でうまくやっていくために精いっぱいのことをするよう心がけてください。これは私たち大半が苦手とする分野なのです。

最後になりましたが、常に才能を大切にすることを忘れないでください。才能こそが仕事を維持する鍵になるからです。あなたは自分に求められた仕事ができることを証明しなければならないでしょうが、家族や同僚が少し手引きをしてくれれば、もっとスムーズに職場に落ち着くことができるでしょう。

結論

職場に適応するには、感覚にまつわる問題に対処しなければなり

ません。感覚上の問題がある人は、そのせいで困った事態に陥る可能性があるからです。対処法は本章で述べてきたとおり、いろいろあります。働きはじめる前に、仕事の世界の社会的ルールを自宅で家族と練習して身につけておきましょう。職場は社会的な機関なので、この準備はとても大切です。さまざまな管理能力も職場で必要になるので、若いうちになるべく多く身につけておいてください。時間をかけて、仕事の世界の流儀や、職場で最大の力を発揮できる方法を学びましょう。

>>> 常に才能を大切にすることを忘れないでください。才能こそが仕事を維持する鍵になるからです。

● 第 3 章 ●●●●●●●

仕事で成功する
ためのルール

●●●●●●●●●●

　家畜施設の設計者という仕事柄、私はさまざまな場所へ行き、いろいろな職場にお邪魔する機会があります。長年そうしているうちに、自閉症スペクトラムの人が比較的勤めやすい職場の特性というものに気づきはじめました。ときには、職場の中に自閉症スペクトラムと思しき人を見つけることもあります。そういった人たちは自分の適職に就いていて、アスペルガー症候群や自閉症のことなどまったく知らない人が少なくありません。

　未診断の自閉症スペクトラムらしき人たちが就いていた職業は、数学教師や、コピー機の修理技師、研究科学者、産業機器の製図技術者、溶接士、工場の保守管理担当者、司書、コンピューター・プログラマー、コンピューターの技術サポート担当者、エンジニアなどでした。後で自閉症スペクトラムの人の強みに合いそうな仕事を紹介する時、これらの職業を心に留めておいてください。

　私が訪れた中で特に興味深かった職場のひとつは、電子機器と工作機械を扱うある小さな会社です。従業員が仕事に対してとても情熱的なのです。訪問者の私が作業室の中を歩いていると、設計者一人一人が私を呼び止め、自分がコンピューターでどんな作業をしているかを見せるのでした。設計者たちは同じ作業室の中で一緒に働いていましたが、各々のスペースが設けられ、互いにある程度の距離が保てていることに私は気づきました。また、頭上の蛍光灯は取

り外され、各スペースごとに柔らかい照明が付いていました。気づかれにくいことですが、これらはいずれも従業員の感覚の敏感性に配慮がなされている証拠でした。

　機械工場の方でも、やはり同じような扱いを受けました。従業員一人一人が自分の機械を見せ、その性能をすべて私に丁寧に教えてくれるのです。雇用主はこんな情熱と興味に満ちあふれた従業員をどこで見つけてきたのでしょう、と私は尋ねてみました。従業員たちの上司によると、その会社は才能のみに基づいて従業員を採用するそうで、面接も「技術屋」の１人が行ったといいます。少なくとも工作機械部門では、従業員全員が地元のコミュニティ・カレッジの機械加工課程出身でした。

　ここの従業員の一部が自閉症スペクトラムだということは推測でしかありませんが、ここが自閉症スペクトラムの人にとって理想の職場であることは確かです。会社側はとにかく才能豊かな人材を採用することに専念し、たいていの雇用主が大いに気にするソーシャルスキルや協調性はあまり重視しませんでした。さらに、この会社は新入社員の採用を同じ種類の人間、つまり優れた技術者に任せ、その技術者は面接相手の中に自分と同種の技能と興味があるかどうかを見ました。そのうえ新入社員は、採用を阻止しかねなかった人事部とは接触せずにすんだのです。この小さな会社は私たち自閉症スペクトラムの人間にとってまさにオアシスでした。それでいて、本人たちは自閉症やアスペルガー症候群について何も知らなかったのです。

　こうした利点はあるものの、小さな企業で働くことには不利な点もないとは言えません。研修や昇進の機会は大きな組織の方が多いでしょう。それに、大きな組織の方が資金が潤沢でしょうから、不況で職を失う危険性も低いかもしれません。さらに、労働者の権利の保護についても、たいていは大きな組織の方が優れた方針や手続きがあるものです。

　でも、小規模なベンチャー企業で働くのであれ、大きな組織で働

第３章　仕事で成功するためのルール

くのであれ、雇用主の期待には応えなければならないでしょう。自営業であれば、顧客の期待に応えなければなりません。

　これこそが本章のテーマです。本章は、仕事の種類にかかわらず、その仕事で成功するための手引きとなります。親はわが子が人生で成功するよう訓練するうえで大きな役割を負っていますが、本章は職場自体を取り上げ、そこで生き抜くためにするべきことと、してはならないことを論じます。

　先ほど紹介した小さな電子機器の会社は、ある意味で私たちが目指すべき理想の形です。私たちは、自分の才能が重んじられ、同僚が社交面での奇妙さを大目に見てくれるような職場で働く必要があります。私たち自閉症スペクトラムの人間は、どんなにがんばっても「社交面で正常」にはなりきれないでしょう。周囲に難なく溶け込むことはできないでしょうから、雇用主が私たちを手放せなくなるほど仕事に秀でていなければならないのです。ということは、自分の才能が何なのかを早めに知り、それをさらに伸ばしていかなければなりません。

　第一に、この世界は経済的にも社会的にも理想郷ではありません。したがって、レイオフ〔一時的解雇〕や解雇に対してなるべく準備をしておかなければなりません。ひとつの方法は、一流の仕事をすることはもちろん、職業団体・業界団体の会議に出席して、同じ職業または業界の中で人脈を築いておくことです。この方法が口で言うほど簡単ではないだろうということは承知しています。でも、生計を立てられるかどうかがこれで決まってくるかもしれないのです。すべての職のうち、相当の割合は口コミによって斡旋されます。だから、職に関する情報を得るには同業の人とつながりをもっていなければなりません。

　もうひとつの方法は、自営で働く準備をすることです。グラフィックアートのデザインや、コンピューター修理、簿記など、自営でうまくやっていける職業はいろいろあります。第7章には起業についての情報も盛り込んであります。

第二に、自分の技能や才能を、安定している業界で活かすことが重要です。安定しているというのは、工場やオフィスや機能が外国へ移転されないということです。どの業界が特に安定しているかを知るには、このグローバル化した経済を方向づけている社会経済のトレンドに通じていなければなりません。これは現代の職場で働く人全員にとって非常に重要なことですが、事業の成功にそれほど「不可欠ではない」と思われている私たちにとっては特に重要なのです。

　現代の経済はグローバルなうえにとても流動的なので、安定した業界を見つけるのは無理な注文のように思えるでしょう。一番いいのは、移転するメリットがなく、ずっと国内で存続するような産業や職業に注目することです。生活の基本要素を考えてみましょう。私たちの日常生活を支えるような仕事です。食品、住居、輸送機関、教育などはその一部にすぎません。例えば、食品産業とそれに関連する全職業を考えてみると、設備の製造者、設置業者、技術者がいます。そのほか、ものを修理する職業もあります。車や航空機、コンピューター、配管、電気系統を直すのです。工場の組立ラインを修理する保守管理担当者や、銀行で現金を数える窓口係、学校の冷暖房システムを保守管理する技術者、図書館の蔵書を管理する職員もいます。

　一般経済の動向についていく方法は、割合簡単です。地元紙のビジネス欄を欠かさず読み、地域のニュースと世界のニュースの両方を見るのです。公立図書館に行けば、新聞やビジネス関係の出版物が山ほどあるし、業界誌や職業別の専門誌もあります。現在の状況や今後の動きがわかるように、毎週これらを読みましょう。また、インターネットを検索して、おもしろそうな職業について調べてみてください。これまで考えたこともなかったような職業が見つかるかもしれません。ガイダンス・カウンセラー〔生徒の進路を含め幅広い相談を受け付けるカウンセラー〕は、さまざまな職業をもつ親たちに、学校の図書室へ業界誌を寄贈するよう呼びかけるべきです。銀行業から洗車、ビル建設に至るまで、どの仕事にも職業または業

≫≫≫私たちは、自分の才能が重んじられ、同僚が社交面での奇妙さを大目に見てくれるような職場で働く必要があります。

界の専門誌があります。こうした雑誌を読めば、ありとあらゆる種類の魅力的な職業について学べるでしょう。

　職業について詳しく知りたいなら、以下のようなものを見てみましょう〔日本の場合〕。

>> 日本標準職業分類、就職情報、リクルート、タウンページ、新聞本紙の求人情報、新聞に挟まれる折込広告（チラシ）、求人情報誌、公共職業安定所（ハローワーク）など。

　ウェブサイトでは、「私のしごと館ジョブジョブワールド」（http://www.shigotokan.ehdo.go.jp/jjw/top.html）、「Benesse マナビジョン」（http://manabi.benesse.ne.jp/shokugaku/）、「13歳のハローワーク公式サイト」（http://www.13hw.com/）、「PAS カードほーむぺーじ」（http://www.toshobunka.co.jp/pascard/index.htm）、「職業図鑑」（http://www.aaaaaa.co.jp/job/index.html）、「仕事ガイド　ナレッジステーション」（http://www.gakkou.net/shigoto/）など。

　21世紀に仕事に就くには情報と才能が不可欠ですが、どちらもさびつかせないでおくには、日頃の努力が必要です。私たち自閉症スペクトラムの人間の場合、ソーシャルスキルが完璧になることは決してないので、ほかに強みをもたなければならないのです。このことはいくら強調しても足りないほどです。実りのあるいい人生を送るために何が役立つか、現実的に考えなければなりません。

　私は30年ほど自閉症スペクトラムを見てきて、成功者が３つの強みをもっていることに気づきました。

>> 才能。時間をかけて育み、職業で使える技能にしたのです。

>> メンター。迷いがちな10代から青年期にかけて、メンターがその人を導くとともに、興味をもてる職業に就くのを手助けしたのです。

>> 感覚にまつわる問題や、不安感・うつの問題に対処するための適切な薬（注：薬を使う必要がない人や、使いたがらない人もいます）。

　さらに、特に成功している人は勤勉で、時間を守り、常に自分の

技能を高め、同僚とうまくやっていけるよう心を砕きます。あなたも同僚が気に入らなかったり、意見が合わなかったりするかもしれません。でも、相手には敬意を示し、意見の相違に寛容にならなければなりません。言い換えれば、自分が接してもらいたいように人に接するということです。

どんな仕事でも、成功するには以下の6つのルールが基本になります。

ルール1 自分の強みと弱みを知ること

仕事での成功には、それほど特別なことが必要なわけではありません。自分に何が最も合うか、何をして時間を過ごすのが好きか、何をしている時にとりわけ創造的で自信に満ちた気分になるかということに細心の注意を払えばいいのです。もちろんほかにも必要なことはありますが、以上のようなことが大きな部分を占めます。

仕事というのは大部分が社会的な営みです。たとえひとりで働いているのであっても同じことです。遅かれ早かれ、自分の仕事を顧客か雇用主に手渡す時が来るのです。だから、ほかの人との働き方を学ぶのが最善の策です。ただ、学ぶと言っても限界があるでしょう。人と働くことは決してあなたの強みにはならないでしょうから、トラブルになりかねない状況には近づかないように気をつけてください。自分の弱みを知るのです。

私が知っている自閉症スペクトラムの男性は、ある研究所で5年間、問題なく仕事をこなしていました。しかしある晩、仕事の後で同僚と酒を飲みに行きました。この非公式な席での社会的相互作用は、レベルも種類も普段とは異なるものでした。男性はそれにうまく対処できず、同僚の方も男性の自閉症についてまったく知りませんでした。男性は酔い、不適切な振る舞いをして、即刻クビになりました。これは男性が自分の弱みを知らなかったせいです。

逆に、あなたが自分の強みを活かし、自分には準備ができていないような状況を避ければ、仕事はもっとスムーズにいきます。私は

>>> 特に成功している人は勤勉で、時間を守り、常に自分の技能を高め、同僚とうまくやっていけるよう心を砕きます。

第3章 仕事で成功するためのルール

しばらくよそで働いた後、自営での設計業を始めました。その方が、自分の環境と社会的相互作用をうまく管理できたからです。仕事での人間関係を技術的なレベルに留めておけるので、仕事のストレスは減り、充実感は高まりました。

ルール2 計画を立てておくこと

自閉症スペクトラムの人が仕事探しをする際、留意すべき事柄はほかにもいくつかあります。まずは自分が何をしたいかを知り、その仕事に必要な訓練と教育を受けることです。私たち自閉症スペクトラムの人間の多くにとり、それはもって生まれた才能を伸ばすことを意味します。そのために一番いい方法は、家族や教師、カウンセラー、そして自分の人生に関わるその他の人たちとしっかり協力することです。次に、自分の才能に合う地域内の職を見つけましょう。高校のカウンセラーと一緒にこうした職について情報収集をしてください。アメリカ自閉症協会のウェブページ（www.autism-society.org）も見てみましょう。学校から職場への移行について有益な情報が掲載されています。なかでも最も重要なメッセージは、予め計画を立てておくことが不可欠だということです。

地域のコミュニティ・カレッジや職業・技術学校も、利用すべき資源の一部です。こうした学校は、やりがいのあるさまざまな職業に生徒を導くことができます。本当に優秀な生徒の中には、高校という人間関係の難しい場所から避難させ、大学へ行かせるべき人もいるでしょう。大学へ行けば、共通の興味を通じて人間関係を築けるはずです。さらに、インターネットで提供されている大学の教育課程を履修するのもひとつの選択肢です。ネットでの授業は自閉症スペクトラムの多くの人にうってつけです。また、高校でいじめられている生徒は、オンラインで高校の授業を受け、卒業した方がいいかもしれません。ただインターネット上には詐欺が多いので、この選択肢を考慮する際には、オンライン課程の提供者が認可を受けた信頼できる機関かどうかを必ず確認してください。

実際に職場に入ってからも、計画は立てつづけてください。経済の最新情報は絶えず仕入れましょう。地元紙を読むことをお勧めします〔そのほか、日本標準職業分類も見てください。これはインターネットからもアクセスできるし、公立図書館のレファレンス・コーナーにもあります〕。以上を実行すれば、将来の計画を立てるのに役立つはずです。

ルール3 作品集を作り、自分の仕事を見せること

私が絶対にすべきだと思っているのは、特に優れた作品や業績評価などのコピーをまとめ、それを職場ではなく——あるいは職場のほかに——自宅に保管しておくことです。私は以前、製図・設計の仕事を失った人と話をしたことがあります。この人は就職希望先に見せられる工学図面を1枚も保管していませんでした。もっていたのはただ、時代遅れのコンピューター・システムでしか読み込めない古いディスク1枚きりでした。

表3.1 効果的な作品集の作り方

> いろいろなものを作品集にして、センスのいいノートやフォルダーの形にまとめましょう。中身としては、以下のようなものが考えられます。
> ・グラフィックアートやグラフィック作品、ウェブページのカラープリント
> ・建築図面・工学図面のコピー
> ・新聞・雑誌・ニュースレターに載った記事のコピー
> ・推薦状
> ・コンピューター・プログラムやスプレッドシートなどのプリントアウト
> ・芸術作品など、自分が作ったものの写真
> ・科学雑誌に載った記事
> ・自分の仕事に満足してくれた顧客のリストと、顧客からの推薦書
> ・完成させたプロジェクトの情報を盛り込んだ履歴書
> ・宝飾品や木工品など、自分が作った商品の写真
> ・翻訳した書類のコピー。原語と翻訳の両方を付ける

特に出来のいい著作や図面、パワーポイント〔コンピューター・プログラムの一種〕で作ったプレゼンテーション書類、コンピューター・プログラムなどは、印刷して紙の形にしましょう。業績評価や、賛辞が書かれた手紙はすべてコピーを保管しておきましょう。可能なら、電子メールで送れるように、作品集の電子版も用意しておいてください。

　私が家畜施設の設計業を始めた頃は、業界のほとんどの人からまともに相手にしてもらえませんでした。エンジニアや設計者たちの目に映ったのは、自分のアイディアを語ろうとする1人の女性（女性というだけで十分に問題があります）、それも癇に障る奇妙な癖をもつ女性でした。私が図面や設計をまとめた作品集を見せた後でなければ、言葉を交わすことも、まともに相手にしてくれることもありませんでした。

　エンジニアや設計者たちは「あんたが描いたの？」と疑わしげに尋ねました。作品集があったからこそ、私は相手の関心を引き、始めたばかりのビジネスのために設計の仕事をいくつか獲得することができたのです。それは容易なことではなかったし、失礼千万な忌々しい経験をした時もありました。でも、私がいまここにいるのは、つらくても我慢し、設計の才能を伸ばしつづけたからです。

　自分の仕事を見せることが不可能な分野で働いているのなら、ほかの方法で能力を証明しなければなりません。無償で働くことで能力を示せる場合もあります。知っている人の仕事を一緒にするようにしましょう。最初はちょっとしたことを手伝うのです。また、教会やシナゴーグ〔ユダヤ教会堂〕、寺院で奉仕活動をしてみましょう。若い時に行った活動はすべて、のちに仕事探しをする際に履歴書に盛り込めます。この場合、履歴書を送る時の送り状が作品集代わりとなります。送り状の中で、ある組織に対して行った具体的な貢献を説明するのです。

　作品を詰め込みすぎる人が大勢いるのですが、これは間違いです。特に出来のいい作品だけを選びましょう。ふつうは5〜10点程度で

十分です。ほかの人に選んでもらうと効果的な場合もあります。その方が客観的になるからです。また、自動車や銀行の広告制作者を募集している広告代理店に、風変わりなＳＦ風のイラストを見せるのはあまり得策ではありません。しかし、マンガ家の募集に応募しようとしているなら、そのイラストがふさわしいでしょう。作品集の内容は、応募する仕事だけでなく、相手の組織にも合わせましょう。その仕事にふさわしそうなものだけをもっていくのです。

　繰り返しますが、作品集は紙のものと電子版の両方を作るつもりでいてください。場合によっては、郵送という旧式の手段が最も効果的な時もあります。コンピューターがウイルスに感染する恐れがあるので、電子メールの添付書類は開きたがらない人が多いのです。また、作品はきちんとした形で提示するよう心がけましょう。写真や図面は、プラスチックのカバーに入ったノートに収めた方がいいでしょう。メンターや教師の力を借りてください。あるいは、地元の印刷所の従業員が助言をくれるかもしれません。何をするにせよ、プロらしく見えるようにしてください。

ルール4 仕事探しに役立つので、どんな才能でも伸ばすこと

>>> 優れた才能をもっていることは、仕事を探すうえでとても重要です。訓練を怠らないでください。

　優れた才能をもっていることは、仕事を探すうえでとても重要です。訓練を怠らないでください。それと同時に、ソーシャルスキルの訓練も忘れてはなりません。こちらもきわめて重要だからです。でも、鍵になるのは才能です。人が求める技能を伸ばすことが大切です。例えば、建築製図は重宝がられる技能ですが、ビデオゲームをプレイする技能は、ゲームを設計することが並外れてうまくない限り、雇用主の求めるものではありません。ビデオゲームの設計はとても競争率の高い分野です。仕事ひとつにつき、おそらく10人ほどの希望者がいるでしょう。

　思わぬ出来事も起きます。私が初めて大口の顧客を獲得したのは、裁縫の才能のおかげでした。自分で刺繍したウェスタンシャツを着

ていた時、ある食肉工場を担当する保険外交員の妻と知り合ったのです。彼女はシャツをほめ、私がどんな仕事をしているかを聞くと、私のために便宜を図ってくれました。その結果、私は食肉工場の社長に会い、設計の作品集を見せることができたのです。もちろん、これは単なる幸運だけではありません。その頃すでに私は雑誌に記事を書いていたし、この業界に入ってかなりの月日が流れていました。つまり、業界を知っていたのです。

ルール5 正規の採用ルートではなく、ありとあらゆる非公式のルートから労働市場に入る覚悟を決めること！

　入口は、常に正面以外にもあるものです。仕事探しやキャリア設計をする時は、このルールを覚えておくと役に立ちます。正規の採用ルートはふつう、用心深い人事部が見張っているものです。そして人事部の仕事は、特定の鋳型にはめるために、応募者をふるい分けることです。自閉症スペクトラムの人は、社交面で奇妙な振る舞いを見せたり、仕事の経験がなかったり、職歴に空白期間があったりするせいで、真っ先にふるい落とされることが多々あります。だから、自分に会う人がみんな感心するくらい、深みのある優れた才能をもっていなければならないのです。

　自閉症スペクトラムの人は、ひとつの技能に長け、ほかの技能はそうでもないという傾向があります。そのため私は本書で、就く際のハードルが低い仕事だけを取り上げました。私は代数ができなかったし、外国語も苦手でした。数学ができず、入試に合格しなかったせいで、獣医学など競争率の高い分野の仕事には就けなくなりました。獣医学の課程自体は私にとってかなり簡単だったと思うのですが、その前の段階で引っかかってしまったのです。

　医学や獣医学といった競争率の高い分野には入りにくいものの、それ以外の職業には広々とした非公式ルートがあるものです。例えば、コンピューター関係の分野には大学の学位をもっていない人が

大勢います。このような人たちは独学して、適切な相手に作品集を見せたのです。先ほど保険外交員の妻の話で説明したとおり、非公式ルートを開いてくれる人はどこにいるとも限りません。教会や、ボウリングクラブ、隣近所にいるかもしれないのです。だから常に柔軟な姿勢を保ち、仕事の話をする心づもりをしておきましょう。

　非公式ルートから入るには、根気強さが必要です。私もそういうルートを開いてくれる人が見つかるまで、何度も拒絶に遭いました。根気強く、ただし礼儀正しくアプローチしましょう。これはとても大切なことです。例えば食品業界には、まず最初に加工ラインの退屈な仕事に就き、その後やりがいのある仕事へ移ったという風変わりで才能豊かな人たちが大勢います。こういった人たちはさまざまな技能を身につけた後、保守管理担当者に近づきました。保守管理担当者はそういった才能を目にして、自分たちと同じ仕事をさせたのです。そのほか、もともとは光ファイバーケーブル埋設用の溝を掘っていたけれど、最終的にはコンピューターのエキスパートになったという男性もいます。この男性は、休憩時間になるとコンピューター担当者たちのところへ行っていたのです。「非公式ルート」にはさまざまな形があります。

　あなたの才能が自営業に向いているのなら、自営で働くことも考えてみましょう。設計や、コンピューター・プログラミング、コンピューター修理、建設、保守管理などの分野で働く人は、多くの場合それをビジネスに発展させることができます。ただし、自営は気の弱い人には向きません。自分の製品・サービスの売り込みや、仕事の流れの管理、しっかりした資金繰りができなければならないからです。自閉症スペクトラムの人の中には、ほかの人をパートナーとし、事業の運営管理を任せて成功した人もいます。本人はパートナーから手渡された仕事に取り組むのです。

　私は、飛行機の中で出会った人に作品集を見せ、設計の仕事をもらったことが何度かあります。非公式ルートを開いてくれる人は、スーパーのレジの列であなたの前に並んでいるかもしれません。そ

≫≫≫非公式ルートから入るには、根気強さが必要です。根気強く、ただし礼儀正しくアプローチしましょう。

第3章　仕事で成功するためのルール　　77

の人が首からコンピューター会社の社員証をぶら下げていたら、礼儀正しく自己紹介をしましょう。私は仕事を始めたばかりの頃、特に出来のいい図面や仕事の写真を何枚かバッグに入れて常に持ち歩いていました。要するに、人は才能に感銘を受けるので、才能を見せれば非公式ルートが開ける場合が少なくないのです。

ルール6 身なりを整え、好ましい態度で、時間どおりに仕事を始めること

このルールは簡単に見えるかもしれませんが、自閉症スペクトラムの人には難しい場合があるのです。職場では一貫性がとても重んじられます。定刻に仕事を始めることや、やる気に満ちた快活な態度で出勤することもその一環です。雇用主は仕事に必要な技能を従業員に教えることは可能だと思っていますが、態度まで教える暇はありません。だから雇用主の手間が省けるように、好ましい態度で、

表3.2 コンピューターを使って仕事の技能を教える

多くの青少年がビデオゲームに魅了され、ゲームに尋常でない時間をつぎ込みます。高速のアニメーションはこうした青少年の心をとらえ、画面に釘付けにしてしまいます。なかでも最も病みつきになりやすいのは、素早い動きの多いシューティングゲームです。こうしたゲームをしても、職業に役立つ技能は何ひとつ身につきません。私はコンピューター用のビデオプログラムすべてに反対しているわけではありません。ですが、残念ながら、啓発的・教育的なコンピューター・プログラムの大半は高価な専門ソフトなのです。こういったソフトを使うには、科学者やエンジニアやその他の技術職の人を見つけて、その人が仕事で使う「ビデオゲーム」をやらせてもらわなければならないでしょう。例えば科学者は有機化学の分野で、複雑な分子を視覚化する興味深いプログラムを使います。さらに、平面の図面を3次元のバーチャル建物に変身させ、内部を「歩ける」ようにしてくれるプログラムもあります。最寄りのコンピューター・ショップで売っているシミュレーション・ソフトも、例えば生態系はどう機能するかということなどに興味をわかせてくれます。

いろいろなことに挑戦する意欲をもって職場へ行きましょう。あなただって、快活で感じのいい人のそばで働きたくありませんか？

　幸い、態度というものは、幼少時に親や教師、カウンセラーから教わることができます。わが子が好ましい態度を身につけ、自立した人間になるよう時間をかけて取り組んでいる大人たちに、私は敬意を表します。

　以上の成功のルールは、私が働きはじめてからずっと役に立っています。そして、私と同じくらい、ほかの人にも通用すると思います。働くことはすばらしい経験であり、人間らしい経験です。大切にし、感謝するべき経験なのです。働くことは私の人生の基盤となっています。

結論

　人生のほかの領域と同じく、仕事の世界にも成功のための明確な「ルール」があります。ただ、自閉症スペクトラムの多くの人にとって、これらのルールはとても難しいでしょう。コミュニケーションや感情、ソーシャルスキルにまつわる生来の特徴が影響するからです。しかし、本書に書いてある適切な準備を行えば、そんな特徴よりも、真の才能を大きく花開かせる手段を講じることができます。つまり、本書の主眼はあなたの強みを最大化することなのです。私たち自閉症スペクトラムの人間の場合、成功者にはいくつかの一般的な特徴があるように思えます（70ページ参照）。

　自閉症スペクトラム障害のある人間として仕事で成功するには、以下のアドバイスについても考えてみてください。

- ≫　自分の強みと弱みを知ること
- ≫　計画を立てておくこと
- ≫　作品集を作ること
- ≫　才能を伸ばすこと
- ≫　非公式ルートから労働市場に入る覚悟を決めること
- ≫　時間どおりに、好ましい態度で仕事に臨むこと

≫≫≫ 職場では一貫性がとても重んじられることや、やる気に満ちた快活な態度で出勤することもその一環です。定刻に仕事を始めることもその一環です。

● 第4章 ● ● ● ● ● ● ● ●

好きな仕事を
見つけるには

● ● ● ● ● ● ● ● ● ● ●

　キャリアまたは職業の選択は、一生のうちに行う決断の中でも特に重要なものです。仕事に費やす時間はとても長いので、私たちは自分の生活によく合う仕事をしたいと考えます。私たちは自分がなじめるような職業、自分の強みや興味や生活に合う職業を求めます。だからこそ、仕事選びには慎重さがとても大切なのです。

　複雑化しているこの世の中で、仕事もよりいっそう複雑かつ多様になっています。したがって、仕事探しを始める前であっても、自分が最も得意な事柄や楽しめる事柄を知ることが大切です。これには時間がかかりますが、本章を読めばわかるとおり、天職探しにはとても楽しい「自然な」方法があるのです。

　これまでに力説してきたように、才能を伸ばしてください。そのために、自分が何に興味があるかに注意を払い、考えたことを記録し、同じ対象に興味のある人とそのテーマについて話をしてみましょう。

親は大きな役割を担っています

　自閉症スペクトラムの若者に仕事への準備をさせるうえで、最も重要な役割を果たすのは親です。あなたに自閉症スペクトラムの子どもがいるなら、子どもが早いうちに強みを伸ばせるよう手を貸してください。具体的にはどうすればいいのでしょう？　目で見、耳

で聞き、たくさん頭を使うことです。子どもが何に興味をもち、何が好きかに注意しましょう。対象が少し変わっていたり、人と違っていたりするように見えてもかまいません。ものを分解するのが特技なら、必ず自宅にたくさんのレゴ・ブロックを用意してください。また、箱をためておけば、子どもは町や食料品店や彫像を作れます。もっと大きい子どもには科学の研究キットがお勧めです。もし子どもが地面に座ってアリの列をじっと見ていたら、あなたも一緒に座り、仕事中のアリを観察してください。子どもと一緒に自然界について勉強しましょう。図書館から本を借りたり、外に出てアリの列に沿って歩いたりしましょう。子どもがアリのようなものに興味をもったら、喜んでください。自然に興味があれば、子どもは探検者となって、自分の生活の範囲をさらに広げていきます。大半の時間をビデオゲームに費やす子どもは、職業に役立つ技能が身につきません。なぜ私がビデオゲームを嫌うかというと、あまりにも病みつきになりやすいからです。もし私がビデオゲームに夢中になっていたら、第3章にも書いたとおり、キャリアなど絶対に築けていなかったでしょう。

　親は子どもの興味や才能を出発点として、慎重に世界を広げていってあげるといいでしょう。子どもが世の中を渡っていく際、好きなことが役立つのです。ただし、この作業にはひとりで取り組まないでください。その子を心にかけているほかの大人——その子をいろいろな場所へ連れていってくれそうな人、興味の対象について子どもと話ができる人、新しい興味の対象を見つける手助けができる人——も引き込むのです。

　私の場合、子ども時代は絵を描くことと工作することが大好きでした。小さい頃は段ボールを使っていろいろなものを作ったものです。子ども時代に身につけた工作の技能は、大人になると形を変え、木材とスチールを使ったもの作りになりました。私は手を使ってものを作ることと、視覚型思考能力を使って設計することが大好きでした。幸運にも両親には先見の明があり、私に習い事をさせたり、

本を買い与えたりして、そういった才能を伸ばせるようにしてくれました。何年もたって私はその才能を、報酬をもらえる仕事に変えたのです。

　才能を伸ばすには、高いお金をかける必要はありません。コミュニティ・センターや、自治体の公園・レクリエーション局、大学、学区、その他の組織が、一般市民に安価または無料のプログラムを提供しています。こういった組織は、スポーツや図画工作、外国語、サマーキャンプなどの活動も実施しています。大人には、コンピューター技能からロボット工学、馬術に至るまで、大学が継続教育の講座を開いています。多くの4Hクラブのセンターは子どもやティーンエイジャー向けに、乗馬訓練などおもしろそうなプログラムを提供しています。

才能を伸ばしましょう

　高機能自閉症やアスペルガー症候群の人は、ソーシャルスキルでの弱点を埋め合わせるため、仕事で並外れた才能をもっていなければなりません。この点はいくら強調しても足りないほどです。人がお金を払ってその技能を買いたくなるほど、腕がよくなければなりません。不況下でも雇用主がその才能を人に譲りたがらず、最後の最後までレイオフを手控えるほど優れた技をもっていなければならないのです。

　そのため親は子どもが幼いうちから行動を起こし、子どもが才能を育めるよう後押しし、世の中について教え、なるべく上手に世の

4Hクラブ
　米国では、4Hクラブが児童・青年期のための他の興味深いプログラムと同じように、馬術訓練を提供しています。4Hとは、Head（頭）、Heart（心）、Hands（手）、Health（健康）を意味し、それらの向上をモットーに農業技術の向上と公民としての教育を主眼とする農村青年教育機関の単位です。

中を渡れるよう手助けしなければなりません。同じ理由から、作品集を——子どもの頃からでも——作ることは、仕事探しにとってきわめて重要です。早くから始めましょう。自分の能力の証拠がたくさんあればあるほど、幸せな職業生活が送れるはずです。働く場所の選択肢も増えるでしょう。

子どもの学校と協力すること

自閉症スペクトラムの子をもつ親は、学校も資源として利用できるかもしれません。子どもが絵を描くのが大好きなら、美術教師に知らせましょう。子どもが音楽に感動するのなら、それを学校の音楽教師に伝えてください。子どもと同分野の専門知識や興味をもつ教師と、早くから関係を築くのです。担任教師のことも忘れてはなりません。担任教師は、子どもが学校でうまくやっていけるよう力を貸してくれる貴重な助っ人になります。

ときに学校は、生徒の才能ではなく、生徒の生活に欠けている部分に注目します。これは大きな間違いです。学校が力を注ぐべきなのは、生徒が強みを伸ばし、将来の成功につながる目標へ向かって努力するのを手助けすることです。才能豊かな自閉症スペクトラムの人はたくさんいます。しかし、どういうわけか成長過程でその才能が伸ばされず、報酬をもらえる仕事につながらなかったケースが少なくありません。これはあまりにももったいない話です。

自閉症スペクトラムの子どもの親は、子どもの能力とやる気に関して、柔軟で開かれた考え方をもっていなければなりません。子どもが強く執着している事柄を、時間をかけて趣味に発展させられるようにしてください。できる限りの方法で子どもを応援してください。それが将来、子どもの役に立つのです。

メンター

自閉症スペクトラムの多くの子どもやティーンエイジャーにとって、学校は必ずしも居心地のいい場所とは限りません。高機能の

>>> 才能を伸ばすには、高いお金をかける必要はありません。

ティーンエイジャーは、学校で退屈し、問題行動を起こすことがよくあります。したがって、子どもが勉強を続け、人生に背を向けないように、興味のある分野のメンター探しを手伝うことは特に重要です。

　私は高校でカーロック先生というすばらしい科学教師に出会えて幸運でした。先生には科学研究の方法を教わりましたが、私はこの技能を公私ともに繰り返し使ってきました。先生の指導のおかげで、私は科学と設計というふたつの興味対象を組み合わせた職業に進むことができました。それに、先生はよきメンターの例に漏れず、私が高校で試練や苦難に打ちのめされていた時、励ましてもくれました。自閉症スペクトラムのほかの人たちと同じく、私は自分の得意な話題に固執し、ほかの生徒や理事を苛立たせたのです。いじめは過酷なものでした。私がいじめを乗り切れたことや、強い執着が私自身より大きなもの——職業——に発展できたことは、カーロック先生の優しさと励ましのおかげでもあります。

　前に書いたように、私は劣等生でした。得意科目は生物だけで、国語や歴史を学ぶ意欲は皆無でした。代数は、私にとっては不可解な謎のようなものでした。けれども、勉強しなければ自分のやりたいことができないと気づいた時、学習意欲が高まりました。優れたメンターは強い執着の奥にあるやる気を利用し、学習意欲を高めることができます。私の教育における唯一の過ちは、代数を学ぶための無駄な努力をしたことです。三角法や幾何はまったく勉強させてもらえませんでした。この2科目なら、橋の模型を作るなどの実践的な課題で学ぶことができたかもしれません。

　職業を探している人にとって、メンターほど助けになるものはそうありません。ある意味で、自閉症スペクトラムの大人とティーンエイジャーにはメンターは欠かせない存在です。メンターは、自閉症スペクトラムの人がもつ強い執着を建設的な方法で使わせることができるのです。研究者レオ・カナー（Leo Kanner, 1971）によれば、そういった強い執着は大いに意欲をかき立てるとともに、職業

ばかりか社交生活にまでつながる場合もあるといいます。メンターは生徒の才能の発見・育成に手を貸し、意思決定の際には指南役となるほか、学業を投げ出さないよう手助けもします。

　学校や一部の職場はメンター制度を実施していますが、メンターはどこにでも見つかるものです。前にも書きましたが、食肉業界における私の古いメンターの1人を見つけたのは、その人を担当する保険外交員の妻にパーティーで出会った時でした。彼女は私が何時間もかけて牛の顔を刺繍したウェスタンシャツを気に入り、その後しかるべき人脈を築けるように助けてくれたのです。

自分の強みを見つけましょう

　自分の強みを発見する方法はほかにもあります。それを実践すれば、最終的にはメンターまで見つかるかもしれません。著述家のリチャード・ネルソン・ボウルズ（Richard Nelson Bolles）は『あなたのパラシュートは何色？──職探しとキャリア・チェンジのための最強実践マニュアル』（リクルートワークス研究所監修、花田知恵訳、翔泳社、2002年）の中で、仕事探しをしている人は他人の人生について調べ、「さて、自分なら誰の仕事を一番やってみたいだろうか？」と自問するよう勧めています。

　著述家のマーシャ・シネター（Marsha Sinetar, 1987）は、職業を探している大人は自分に「ふさわしい生計の手段」を見つけるために十分な時間を設けるべきだ、と書いています。理想を言えば、それは子どもの時から始めるべきなのですが、始めていなかったとしてもまだ時間はあります。まず、自分は何が好きか、何をして時間を過ごすのが好きか、何をすると元気がわいてくるか──ある意味で、何が魂の糧となるか──を知ることから始めるよう、シネターは勧めています。自分の目がどんな人に引きつけられるか、その人のどんな点に感心するかを認識しましょう。お手本になる人を探し、その人の人生を調べてみてください。

　非凡な人物の人生を調べ、その人がどうやって職業や仕事を見つ

≫≫≫高機能自閉症やアスペルガー症候群の人は、ソーシャルスキルでの弱点を埋め合わせるため、仕事で並外れた才能をもっていなければなりません。

第4章　好きな仕事を見つけるには

けたのかを探ってみましょう。尊敬する人物の伝記を読んでみてください。有名な音楽家や科学者の中には、自閉症スペクトラムの人がおそらく大勢いたはずです。こういった人たちはどのようにしてその職業を見つけたのでしょう？　成功できるように、どんな手段をとったのでしょうか？　特に注意を払ってほしいのは、その人がどのようにして自分の能力を知ったかということです。その人にとってどんな価値観が重要であり、日々の生活の中でそれをどう表現しているでしょうか？

　そうしながら、外の世界と自分の内面について気づいたことを書き留めてください。日記をつけることをお勧めします。自分の考えを記録していると、ちょうどいいタイミングで——しかもおもしろい形で——自分にふさわしい職業が見つかるからです。

おもしろそうな職場を訪問してみましょう

　自閉症またはアスペルガー症候群の人は、興味をかき立てるような職場を訪問すると大いに意欲がわいてくるかもしれません。それが無理なら、さまざまな業種の業界誌を読むか、見本市に行ってみ

表4.1　理想の仕事を見つけるために

手始めに、以下の作業を行ってみましょう。
1. 特にやってみたいと思う複数の仕事（第1志望群）を書き出す。
2. 第2志望群、第3志望群も書き出す。
3. それぞれの仕事の特徴を別々の紙に箇条書きする。
4. 作ったリストを吟味して、最も興味を引く仕事を選ぶ。
5. その仕事をしている人を見つける。仕事に関する情報をもっと得るために、その人と話をする。仕事について好きな点、嫌いな点を尋ね、メモを取る。
6. 自分の知っている人やテレビで見た人、新聞に出ていた人全員について調べ、さらに情報を得る。その情報をもっとしっかり理解できるよう、メモを取っておく。

ましょう。つい最近、私はシカゴのマコーミック・プレイス・コンベンション・センターで開催されたフードエキスポへ行き、変わったアイスクリームを作るすごい機械を見てきました。会場を回りながら思ったのは、これらの機械は誰かしらが発明したのだということでした。その中には自閉症スペクトラムの人がいる可能性もあります。フードエキスポは、学校に退屈した高校生を連れていくにはもってこいの場所です。世の中にはビデオゲームよりおもしろいものもあるのです。

結論

好きな仕事を見つけることは、幸せになるうえできわめて重要です。見つけるプロセス自体も、とても楽しい経験にすることができます。自分自身について、そして自分と家族に大切なものについて、多くを発見できるでしょう。この作業の最中は、以下の事柄を心に留めておいてください。

- 美術であれ、チェスであれ、音楽であれ、文章であれ、できるだけ頻繁に練習をし、才能を伸ばしましょう。親は子どもが早くから才能を見つけられるよう、手助けしてください。
- 興味のある分野または自分が選んだ分野の才能を、できる限り伸ばしましょう。好きな仕事を見つけ、その仕事を続けるには、それが最善の方法だからです。
- おもしろそうな仕事をしている人を調べたり観察したりしてみましょう。その仕事について本人からも話を聞いてください。会話の内容や気づいたことは必ず書き留めましょう。
- 仕事の世界についてもっと知るために、おもしろそうな職場を訪問しましょう。

次の章では、仕事そのものと同じくらいやりがいのある仕事探しのプロセスを紹介します。

>>> まず、自分は何が好きか、何をして時間を過ごすのが好きか、何をすると元気がわいてくるかを知ることから始めましょう。

● 第 5 章 ● ● ● ● ● ● ● ●

理想の仕事を
探すには

● ● ● ● ● ● ● ● ● ● ●

　私が初めて専門的な仕事を得たのは、まだ大学院生の頃でした。その経緯はこうです。あるロデオ大会で、「アリゾナ・ファーマー・ランチマン」（*Arizona Farmer Ranchman*）誌の発行者のそばに行き、締めつけ機の設計に関する記事に興味がありますか、と尋ねてみました。あるという答えが返ってきたので、「ヘッドゲート〔牛の首を固定する窓〕に関する大論争」という記事を書き、翌週それを送付しました。すると、記事は掲載されました。こうして私は家畜業界における最初の仕事を得たのです。
　この出来事が起きた時、私はまだ論文の執筆中でした。だから、自営で働くことは自分が選んだ業界についてよりよく知る絶好の方法だったのです。知り合いも大勢できたし、家畜施設の設計業に関する知識も増えたし、その仕事に足を踏み入れる方法もわかりました。記事の掲載がきっかけとなり、やがて私は大規模な飼養場建設会社で牛用の誘導路を設計するようになりました。もしも最初にフリーライターになっていなかったら、この仕事を得られたでしょうか？　得られたかもしれませんが、きっとはるかに時間がかかっていたでしょう。フリーライターとしていろいろな人と知り合えたからこそ、論文執筆中の一介の大学院生には不可能な方法で業界を知ることができたのです。
　私が言いたいのは、適職を見つけるためには外へ出て人と話をし

なければならないということです。職業や仕事についてなるべく多く情報を得るには、リサーチをしたり資料を読んだりするだけでなく、人と話をし、相手の仕事について尋ねる時間も設けなければなりません。本章のテーマはまさにこれ、つまり実際の仕事探しのプロセスです。たとえ自分にどんな才能があるか、あるいはどんな職業に興味があるか自覚できていなくても、これから説明する確実な適職探しの方法に従えばいいのです。

　キャリア設計と仕事探しには多くの方法がありますが、どんな場合でもまず自分の強みを知ったうえで、その強みに合うような希望の仕事を特定しなければなりません。第4章では、キャリアを築くための技能と能力――才能――を探す方法を説明しましたが、本章ではそれをもう一歩進め、仕事探しのプロセスについてお話しします。

自分を知りましょう

　仕事探しのプロセスは、困難な作業にもなれば、とても刺激的な作業にもなります。あなたは有意義な仕事を探すというだけでなく、自分自身のことや、人生にとって大切なもの――と大切でないもの――についても、よりよく知ることになるのです。それ自体がすばらしい収穫だし、とても役に立つ情報です。

　まず、自分の興味の対象や強みについて、すでに知っていることをよく考えてみてください。充足感を与えてくれるものは何ですか？　好奇心をそそるものは何ですか？　毎朝、「今日もがんばろう」と跳ね起きたくなるほどの元気を与えてくれるものは何ですか？　こんな質問は、仕事探しのプロセスにふさわしくないように思えるかもしれません。それは承知の上です。でも、もう一度言いますが、私たちが仕事に費やす時間はとても長いのです。どうせなら、仕事は楽しめるもの、やりがいのあるものにした方がいいでしょう。私たち自閉症スペクトラムの人間には特に言えることですが、適職をもつことは、それを探す労力に見合う以上の深みと輝き

を人生にもたらすことができるのです。

　これらは自分の人生を構成する要素の中でも、やや「見えにくい」ものです。こうした要素を見つけるには、考えるきっかけが必要な場合があります。自分に問いを発することもできますが、何が大切かを理解するのに外部の助けが必要なことも多々あります。外部の助けにはさまざまな形式のものがあります。例えばアンケート型の性格・特質テストもあれば、大学の就職センターにある精巧なソフトウェアもあります。こうした道具は有用な情報を少なからず与えてくれるかもしれませんが、しょせん、それはあなたという人間の映し出しでしかありません。それに、その情報を自分の行動方針の決定に活かすかどうかは、やはりあなた次第です。

　可能であれば、研究所や、建築事務所、建設会社など、いろいろな職場を訪ねてみてください。おそらく、職場見学の手はずを整えてくれる人は教会や学校に大勢いるでしょう。また、自分が興味をもてそうな業種の業界誌も見てみましょう。

▶仕事の判断基準

　表5.1の判断基準をできるだけ具体的にするには、それぞれの基準を完全な文章で書いてみてください。そうすれば、仕事において何が自分に重要かをよりよく理解する助けになるでしょう。例えば、人と一緒にさまざまなプロジェクトに取り組みたいと思ったけれども、ひとりで働く時間も相当必要だとします。それなら、「私はチームワークを大切にする雰囲気の中で働きたいが、自分の個室をもつか、ときどき自宅で働く必要がどうしてもある」と書けばいいのです。

　もしあなたがプロジェクトの企画を得意とするなら、「私は顧客や自分の組織のために、個々の問題を解決するプロジェクトを考案・企画したい」などと書くこともできます。

　判断基準を書くと、仕事において何が自分に重要かという点に考えを集中させやすくなります。それを完全な文章で書けば、仕事内

容の説明文を作るのに役立ちます。説明文を用意しておくと、仕事探しが100倍簡単で実り多いものになります。不思議な話ですが、仕事に求める条件をはっきり述べると、シンクロニシティ〔偶然の一致〕が起きはじめます。あなたが意思を明確に示すことで、仕事探しを前進させるような人やチャンスが吸い寄せられてくるのです。でも、書くことで意思を具体化するまでは、そのようなシンクロニシティは起きません。

つまり仕事において求めるもの、必要なものを書くことによって、条件に当てはまる仕事が見つかりやすくなるのです。

そういった仕事の特性を思いつくままに書き留めた後は、それを重要なものから並べてください。

表5.1　自分が仕事に求めるものを理解する

> 　まず、時間をどう使いたいか、1日をどう過ごしたいか、勤務時間をどんなふうに過ごしたいかについて、いくつかの問いを自分に発してみてください。
> ・自分にとって非の打ちどころのない仕事とはどんなものですか？
> ・自分にとって理想的な1日とはどんなものですか？
> 　答えを知るため、「仕事の判断基準」の一覧表を思いつくままに作ってみましょう。
> ・理想の仕事には何が必要ですか？
> ・変化があることはあなたにとって重要ですか？　それとも、どちらかというと毎日同じ作業をしたいですか？
> ・スケジュールが比較的固定した環境で働く方がいいですか？　それとも、形式張らず多少融通のきくスケジュールの方がいいですか？
> ・ひとりで働く方がいいですか？　それとも人と一緒に働きたいですか？
> ・プロジェクトを取り仕切りたいですか？
> 　仕事に関して妥協できる点とできない点について考えましょう。
> ・支出をまかない、自活するのに必要な金額はどれくらいですか？
> ・勤務時間は妥協できますか？
> ・通勤は可能ですか？

> 仕事において、なくてはならないものは何ですか？
> あってほしいと思うものは何ですか？
> 妥協できる点は何ですか？

　仕事において最も重要なもの——自分が定めた判断基準——がわかったら、今度は仕事獲得に役立つ自分の技能や能力に目を向ける番です。

　このように焦点を絞っていく作業には、うれしいおまけも付いてきます。気持ちが穏やかになるという心理的効果です。仕事探しの最中はたいてい、気持ちの穏やかさが大いに必要になります。就職活動中はときに激しい絶望感に襲われるものですが、仕事の判断基準リストと仕事内容の説明文が手元にあれば、そのような気持ちにはまり込む危険性が低くなるのです。具体的な指針があると気が楽です。例えば私の場合、どんな仕事をするのであれ、視覚的な設計技能を使えることが必須条件になります。また、私は大学で教えてもいるので柔軟なスケジュールを希望します。そして、通勤については妥協可能です。

▶特長とメリット

　自分が仕事において求めるもの、必要なものを特定できたら、今度は自分が提供しなければならない特長をリストアップする番です。
　「特長」とは、あなたが提供しなければならない技能や専門知識、能力・特質、資格、勤務スタイルのことです。これから説明する作業は、自分がどんな有用な能力を仕事に活かせるかを知るのに役立ちます。また、そういった技能を自ら発見すれば、雇用主や顧客に自分がどんなメリットをもたらせるかを説明しやすくなります。
　まずは、自分の中心的な特質について考えてみてください。あなたは根気強いですか？　集中力がありますか？　細かい事柄に気がつきますか？　時間を守りますか？　状況を分析し、問題の解決策を思いつくことができますか？　次に技能についてですが、あなたは絵が上手ですか？　文章が上手ですか？　人と一緒に働くのが得

表5.2　将来の雇用主・顧客に対する自分の特長・メリットのリスト

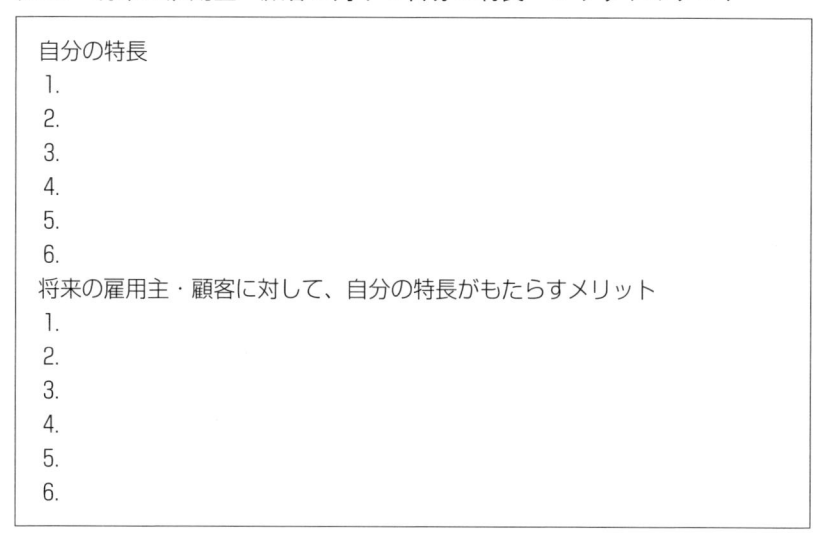

自分の特長
1.
2.
3.
4.
5.
6.
将来の雇用主・顧客に対して、自分の特長がもたらすメリット
1.
2.
3.
4.
5.
6.

J・ベンジャミン(J. Benjamin)、B・スタニー（B. Stanny)、K・ダフィー（K. Duffy）(1995) の許可を得て改変。*How to Be Happily Employed in Kansas City.* Kansas City, Missouri: Career Management Press, p.20.

表5.3　将来の雇用主・顧客に対する自分の特長・メリットのリスト【見本】

自分の特長
- 16年間、教育に携わった経験
- 優れた文章技術
- 同時に複数のプロジェクトのバランスをとることができる
- 学生などに新たな概念を理解させるのが得意
- 時間を有効に管理する能力
- 8年間、メンターを務めた経験

自分がもたらすメリット
- 多彩な授業を考案し、教えることができる
- 学習における学生のニーズを素早く分析し、それに対応できる
- 新人教師の教室に応援に入り、状況を分析して、一緒に解決策を考えることができる
- さまざまなテーマについて、印象的なレポートや記事が書ける

意ですか？ 創造力がありますか？ お金に強いですか？ ひとりで働けますか？ プロジェクトを完遂することができますか？

次は、そういった特質と技能——効果的な文章の作成や、教育、保守管理など、あなたが育んできた個々の能力と専門知識——を「メリット」に変えましょう。メリットとは、雇用主に、あるいは自営するなら顧客に、あなたがもたらせるプラスの影響です。

仕事の面接や販売提案では、自分が誰かの仕事やプロジェクトや組織にどんなメリットをもたらせるかを理解することがとても大切です。例えば、自分の強みのひとつは優れた文章技術だと特定したのなら、自分はレポートの作成時に組織全体の時間を節約できると言えばいいのです。あるいは問題解決がとりわけ得意なら、メリットはプロジェクトを順調に進め、安定した仕事の流れを保てるということでしょう。こうしたメリットが適職を獲得するのに役立つのです。雇用主や顧客が興味をもつのはこうしたメリットです。それはあなたの能力と技能を示す具体的な証拠なのです。

要するに私の最も独特な特長とそのメリットは、教室の状況を素早く分析し、教師が実行可能な解決策を見つけるのを手助けできること、そしてそれによって大学側に新たな教員を雇う費用と手間を節約させるとともに、学生が受けるべき教育、学生にとって必要な教育を確実に提供できるようにするということでしょう。

▶ 「30秒コマーシャル」

仕事の面接に行く前に、必ずメリットのリストを作り、それをはっきり言えるようにしておいてください。そのためには、将来の雇用主と言葉を交わす前に「30秒コマーシャル」を練習してみましょう。この作業を行うと、自分の強みに意識を集中させやすくなります。また、多くの人は面接を厳しい試練だと感じますが、これを乗り切るのに必要な自信もつきます。この準備をしていけば、面接ははるかにうまくいくでしょう。

コマーシャルを作り、自分の重要情報を30秒にまとめられるよう

になるまで練習しましょう。ここで鍵になるのは簡潔さです。雇用主、いえ人間はみな、出会った相手に対する判断を瞬時に下すからです。だから仕事の面接では、メッセージをできるだけ短時間でスマートに伝えることが特に重要です。面接を受ける時は、落ち着きはらい、自分の能力に自信があるように見せなければなりません。

表5.4 「30秒コマーシャル」の作り方

> 1. 仕事でどの技能を活かしたいかを決めましょう。〈例〉文章、絵、企画など。
> 2. 希望の職種を決めましょう。〈例〉販売、設計、管理、教育、プログラミングなど。
> 3. 特に興味があることや好きなことをリストアップしましょう。〈例〉ソフトウェアの設計、カリキュラムの計画など。
> 4. 仕事でどんな問題を解決したいかを明確にしましょう。〈例〉顧客または従業員とのスムーズなコミュニケーションを維持することや、各プロジェクトのために新しいデータを整理することなど。
> 5. どんな結果を生み出したいかを言葉で説明しましょう。〈例〉顧客のためによりよいデータベースを作ることや、効果的なウェブページをデザインすること、冷暖房設備の保守管理をすることなど。
> 6. どんな環境で働きたいかを言葉で説明しましょう。仕事の判断基準リストを活用してください（90〜92ページ参照）。スケジュールが固定した職場で働きたいですか？　それとも、もっと融通のきく気楽な環境の方が働きやすいですか？
> 7. 次の文章を完成させてください。「私はこれができる。なぜなら、いままでに＿＿＿＿＿＿＿をしてきたからだ」（自分の特長を強調するような仕事の具体例を挙げてください）。
> 8. 7.の文章によって直接もたらされる結果（メリット）を挙げてください。
> 9. コマーシャルを練習しましょう。また、さらによいものに仕上げられるよう、誰かにビデオ撮影してもらってください。

J・ベンジャミン、B・スタニー、K・ダフィー（1995）の許可を得て改変。*How to Be Happily Employed in Kansas City.* Kansas City, Missouri: Career Management Press, p.23.

何より重要なのは、相手の会社に自分の能力がどう役立つかがわかっている、という印象を与えることです。

自分のコミュニティを知りましょう

キャリア設計をする時は、自分の「コミュニティ」を知らなければなりません。これには地域社会と職業の世界の両方が含まれます。自分の地域や、希望の職業・分野にどんな職があるかを知れば、望

表5.5 「30秒コマーシャル」の例

要点

1. 私が使いたい３つの**技能**は、企画・文章作成・コーチングです。
2. 私が就きたい**職種**は、訓練の仕事です。
3. 私が特に**興味**をもっているのは、教科課程の設計と訓練です。
4. 私が解決したい**問題**は、教室での指導に関する問題です。
5. 私が生み出したい**結果**は、学生が卒業時に高度な教養を身につけ、勉学への興味をずっと持ちつづけるよう、より多くの教員に授業の中で能動的学習と学習者中心のカリキュラムを使ってもらうことです。
6. 私が望む仕事の**環境**は、柔軟で、共同作業が行える環境です。

完成版

「私はコミュニティ・カレッジかその他の教育機関に、訓練の職を探しています。その職に就いたら、16年にわたる企画・文章作成・訓練の経験を用いて、学生が受ける教育の質と教員の指導の質を変えることができます。

　私は柔軟な環境で働くのが好きです。さまざまな種類の仕事をこなしながら、学生中心のカリキュラムや、学生が最も効果的に学べるようにするプログラムを同僚と共同で開発できる、そんな環境で働きたいと思います。

　以前、教員のメンターを務めたことがあります。１対１の指導と定期的な専門能力開発セミナーを通じて、新人の非常勤教員全員の訓練を担当していました。専門能力開発セミナーは、私が考案し、採用させたもので、私自身が進行役を務めました。この仕事のために６学部すべての教員と協力しましたし、大学の教育・学生サービス課の管理者と企画会議も行いました」

む種類の仕事を得られる確率ははるかに高まるはずです。コミュニティを知る絶好の手段のひとつは、非公式のインタビューを行うことです。これはとても楽しい作業でもあります。

▶非公式のインタビュー／ブレインストーミング

この非公式インタビューでは、自分の技能に合う内容の仕事を見つけるために、さまざまな仕事についてただ情報を得るということだけを行います。仕事において何が自分に大切か、自分の技能が雇用主または顧客にどうメリットをもたらせるかがわかったいま、あなたはこの作業に移る準備ができているのです。自分の技能に合う職種がわからなくても、実際に働いている人たちから仕事について話を聞きさえすれば、それがわかります。

人と話すのが苦手なあなたは、いますぐ練習を始めましょう。毎日1人ずつ新しい人と話すようにしてください。話題は必ずしも仕事探しでなくてもかまいません。自分が興味をもっているほかのことでもいいのです。人事部の人ではなく、実際にその仕事をしている人と話しましょう。芸術家、司書、プログラマーの仕事の実情を知ってください。インタビューができそうな相手の多くは、コミュ

表5.6　仕事探しに役立つ知り合いのリスト

氏名	住所	電話／電子メール	職種	関係

ニティ内で毎日顔を合わせている人でしょう。最初は、もともと知っている相手にお願いした方が簡単です。こうして練習しておけば、ほかの人と仕事探しの話をする時のための訓練になるはずです。職業についてのインタビューを始める前に、必要なだけ練習をしておいてください。ただ、練習に夢中になりすぎてしまい、外の世界へ出てその成果を活かせないようではいけません。実際のインタビューを始める期日を決めておき、外の世界へ出て行けるよう、信頼の置ける友人か家族に「コーチ」してもらいましょう。

　これはキャリア設計をするうえで非常に重要なステップです。これを実践することにより、コミュニティ内の職業について貴重な情報が得られるだけでなく、あなたが職業を探しているということを知っている人たちのネットワークも広がります。ある意味で、あなたの仕事探しに関心のある集団を作ることになるのです。みんな、あなたの仕事につながるような情報を逃さないようにしてくれるでしょう。

　さらに、仕事の特徴に関する独自のデータベースもできていきます。コミュニティ内にどんな種類の職があるかをよりよく知れば、仕事探しがはるかに楽になります。まずは友人や家族、近所の住人、同僚など、知っている人全員のリストを作りましょう。こうすれば仕事探しのプロセスが大いにスピードアップするはずです。ほとんどの仕事は、ちょっとした知り合いや親しい人を通じて見つけられるものなのです。

表5.7　非公式のインタビューで尋ねるべき問い

1. ご自分のお仕事を説明するとしたら、どんなふうに説明なさいますか？
2. この分野で働きはじめて、どれくらいになりますか？
3. あなたが働きはじめてからこの分野で起きた変化と、今後数年間に起きそうな変化は何ですか？
4. この分野の特にいい点、悪い点は何ですか？
5. この分野で重要なのはどんな技能と能力ですか？

たとえひとつの分野で働いたことがあったとしても、ほかの分野にも心を開いておきましょう。ただ単に整備士として働いた経験があるからといって、整備士でいつづけなければならないわけではありません。ただし、整備士としての視覚型思考能力があなたの特別な才能なのであれば、それを活かすような分野に留まるべきです。例えば会計の仕事は、整備士から転職するにはふさわしくない場合がほとんどでしょう。自分の技能や能力が重んじられるようなほかの職業に心を開いておけば、仕事の可能性を広げることになります。変化の速いこの経済の中では、これはきわめて重要なことです。労働市場から弾き出されないために、誰もが自分の技能をさびつかせないようにしなければならないのです。

　また、非公式のインタビューを行えば、知らない人ではなく知っている人から、自分のしゃべり方に対する意見や感想を言ってもらえるはずです。目標についてさらなる情報も得られるでしょうし、その達成方法について貴重なアドバイスもたびたびもらえるでしょう。おまけに、おもしろそうな仕事をしている人の名前も教えてもらえるはずです。

　非公式のインタビューの準備として、名刺と、自分の名前などが印刷された便せんを作っておくと、たいていの場合は効果的でしょう。もちろん、どの仕事にも必要というわけではありません。それがふさわしくない仕事だってあるはずです。ただ、ホワイトカラーの仕事や専門職に応募するなら、そうした細部に気を遣うとインタビューがより本格的な雰囲気になるし、求職者らしい印象を与えるのに役立つでしょう。

　インタビューで尋ねる問いを5つ書き出しておいてください。最終的にはもっと多く尋ねることになるでしょうが、その5つが中心的な質問になるのです。

　インタビュー相手に連絡を取る時は、事前に質問を知らせてほしいかどうかを尋ねましょう。考える時間が余分にあった方がありがたいという人もいるので、そうすれば相手は助かるでしょう。もち

>>> まず、自分の興味の対象や強みについて、すでに知っていることをよく考えてみてください。

ろん、前もって準備をした方があなた自身のためにもなります。インタビュー自体は30分程度で終わらせるようにしましょう。予定している時間がこの程度であることを、相手にも伝えてください。相手の要望で延長するのはかまいませんが、それはあなたではなく相手が決めることです。

インタビュー当日は、通常の仕事の面接に行く時と同じような服装をしてください。つまり、清潔感のある控えめな格好で行くのです。どんな服装をするべきか、同じ分野で働いている人に教わりましょう。例えば、もしあなたが自動車修理に興味をもっているとしたら、非公式のインタビューにスーツとネクタイを着用する必要があるでしょうか？　おそらくないでしょう。職業ごとにそれぞれの服装の決まりがあるものです。あなたはその決まりに則った服装をするべきです。ただ、どんな場合でも清潔感のある格好を心がけましょう。

約束の場所には時間どおりに行き、まずは時間を割いてくれたことにお礼を言いましょう。相手が家族でも同じことです。これは礼儀作法であって、職場文化の重要な部分です。これまでに仕事の経験がないのなら、職場に入る予行演習にもなります。

インタビュー中はできるだけ相手の目を見て、話を積極的に聞いてください。相手の言葉を遮ってはいけませんが、興味深い話題や仕事探しに関わる話題が出た時は、ためらうことなく質問しましょう。特に、仕事探しに関わるテーマは重要です。あなたはここへ来た目的に集中しなければなりません。ここはとりとめのない雑談をする場でもなければ、特殊な話題や興味対象について延々としゃべる場でもないのです。

インタビュー中は、メモでも録音でもいいので、記録を取りましょう。ただ、録音されるのがあまり好きではない人も多いので、録音するつもりなら、インタビューの日時を決める際に許可を取らなければなりません。メモを取るつもりなら、予め練習しておきましょう。特に大事なことだけを書き取るのです。メモ用紙を見る時

間は最低限にし、あとは相手の顔を見るべきです。

インタビューで得られる情報の中で特に重要なのは、仕事探しのヒントと手段、そしてインタビューすべきほかの相手の名前です。その人の名前の正しい表記と、もしあれば肩書きを必ず聞いておきましょう。社会人らしく仕事探しをするうえで、これはおろそかにしてはいけない点です。

インタビューが終わって帰る段になったら、もう一度お礼を言い、握手をしましょう。それからできるだけ時間がたたないうちに、メモを見直しましょう。特に重要な情報に印を付け、あなたのデータベースに追加してください。最後に、インタビューから1週間以内に短い礼状を送るようにしましょう。

▶ **背景情報の収集**

コミュニティについて知るもうひとつの重要な方法は、地元紙やビジネス関係の刊行物、そして調べたい分野の専門的な刊行物を読むことです。興味を覚えた企業や、仕事探しに影響を与えそうなトレンドについては、メモを取っておきましょう。

仮にあなたが予算を立てたり収支を管理したりするのがとても得意で、簿記の仕事に就こうと決心したとします。でも、小規模企業——あなたが狙っている市場——に影響するトレンドに目を向けた時、専門家いらずの財務ソフトが豊富に出回っていたらどうでしょうか。それはつまり、小規模企業の経営者が自分で簿記をこなせるということであって、あなたの仕事が減るということです。こうしたトレンドや変化を知っておき、自分が提供するサービスの力点を変えれば、このグローバルな市場でもっと安全に身を守ることができるはずです。

適職を探す作業は大変に見えますが、とても楽しい作業にもなりえます。新しい人と出会えるし、自分の世界を広げられるし、コミュニティについて知ることができるのです。あなたは自分の地域内・コミュニティ内・市内にある職業のエキスパートになるでしょ

≫≫≫たとえひとつの分野で働いたことがあったとしても、ほかの分野にも心を開いておきましょう。

第5章 理想の仕事を探すには

う。そして、いつの日かその情報をほかの人に伝えることになるかもしれません。

目的の業界について知りましょう

職業または仕事探しの最終段階で必要になるのが、自分の働きたい分野について知ることです。つまり、どんな仕事があるかを知るために非公式インタビューを行った後は、探す範囲を狭め、いくつかの特定の仕事に焦点を定めるのです。ここで、情報収集インタビューが必要になります。

▶情報収集インタビュー

情報収集インタビューを行えば、さまざまな雇用主について知ることができるし、ときには雇用主に——本物の仕事の面接というストレスを感じずに——あなたについて知ってもらうこともできます。ただ、このインタビューでもやはり雇ってほしいと頼んではいけません。相手の仕事の内容や、その業界・職業について質問するだけです。

では、まず何から始めたらいいのでしょうか？　表5.8に掲げるリストが参考になるでしょう。

職業探しを調査プロジェクトと見なせば、ストレスをそれほど感じることなく、より効果的に進められるでしょう。情報収集インタビューはストレスの少ない楽しい作業にもなりうるのです。最終的には仕事探しのプロセスばかりか、自分自身についても多くのことがわかるかもしれません。

結論

仕事探しは、多くの人が思い描くような苦行でなければならないわけではありません。就職する手段としてだけでなく、自分のコミュニティについて知り、その重要な一員になる手段としても考えてみてください。以下は自分に「合う」仕事を見つけるために試し

表5.8　情報収集インタビューの準備・実施方法

1. 非公式インタビューの段階で集めた人名・組織名のリストを見直し、特に話してみたい相手のリストを作ります。そこへ、コミュニティを調査した時に新聞で読んだ人名・組織名を付け加えます。このリスト内の個人個人に手紙を書き、インタビューの目的を説明します。その後、会う日時を決めるために電話をかけます。
2. 日時を決める際、自分は相手の組織に就職したいわけではなく、ただもっと情報を得たいだけだと必ず伝えましょう。インタビュー中は雇ってくれとは絶対に頼まないよう心がけてください。
3. 最初のインタビューへ出かける前に、知っている人を相手に練習をしましょう。「本物」のインタビューを行う用意ができたら、リスト内で一番よく知っている人か、第1志望ではない分野の人から始めます。こうすれば、危険を冒さずにいい練習ができるはずです。
4. 前もって質問を考えておき、それをインタビューで使います。具体的な事柄を尋ねましょう。まずは最も基本的な質問、「どんなお仕事か、教えていただけますか？」から始めてください。
5. 雑談は自閉症スペクトラムの人が得意とするところではありませんが、インタビュー相手と和やかな関係を築くには、気楽な会話から入る必要があります。例えば、お元気ですかなどと尋ね、インタビューを行う目的を再度説明し、今日は仕事を世話していただくつもりではありません、と念を押します。デリケートな話題は決して持ち出してはいけません。できるだけリラックスしましょう。その方が相手もリラックスでき、インタビューがうまくいくはずです。同じ事柄に関心をもつ者同士が「会話」しているだけだと考えましょう。実際、そのとおりなのですから。
6. どんな場合も、必ず約束の時間に切り上げましょう。例外は、相手がもっと話したいと望んだ時だけです。インタビューを終える時はじかにお礼を言い、適切な場合には名刺を渡します。また、会って1週間以内に礼状を送りましょう。
7. インタビューについて記録し、情報をまとめておきましょう。後で役立ちそうな人物情報も記しておきます。「興味分野」別に、情報を表の形——将来、雇用主になるかもしれない人の名前、取った連絡の内容、住所・電話、紹介者——にしてみてください（表5.9を参照のこと）。

てほしい方法です。

> **自分を知りましょう** ある程度の時間を取って、自分が一番得意なことを探し、才能を報酬のもらえる仕事にする方法を考えてみてください。発見した事柄や気づいた点は、日記に書くか、それに関する考えをテープレコーダーに吹き込みましょう。
> **自分のコミュニティを知りましょう** あなたの知っている人の中で、労働市場をうまく渡っていく手助けをしてくれそうなのは誰ですか？ 家族の友人や、同じ教会などに通う信者、近

表5.9 情報収集インタビューのまとめ

```
氏名：_____
役職：_____
企業／組織名：_____
紹介者：_____
住所：_____
電話／電子メール：_____
```

月日	どんな連絡を取ったか	コメント	その後の対応

```
紹介、アドバイス：



履歴書の送付：_____ 月日：_____
礼状の送付：_____ 月日：_____
```

J・ベンジャミン、B・スタニー、K・ダフィー（1995）の許可を得て改変。*How to Be Happily Employed in Kansas City.* Kansas City, Missouri: Career Management Press, p.30.

所の住人、教師など、知っている人全員をリストアップし、その人に仕事の話を聞いていってください。仕事のどんな点が気に入っていて、どんな点が不満なのでしょうか？　しっかり記録を取っておきましょう。

≫　**目的の業界について知りましょう**　目的の分野に関する情報を読み、その分野で働く人にインタビューをして、その仕事の長所と短所を探りましょう。この情報をすべて集めたら、仕事の面接で使う「30秒コマーシャル」を必ず作ってください。

自分の適職が何か、そして自分のコミュニティや目的の業界にどんな仕事があるかを知ることは大切です。それがわかったら、今度は集めた情報を手に目的の分野を探索する番です。次章では、仕事探しにおける重要事項、つまり自閉症スペクトラムの人の思考様式に最も合うタイプの仕事を取り上げます。また、昨今の私たちの仕事すべてに影響を及ぼすグローバル経済の説明や、そんな経済の動きに取り残されないようにする方法もいくつか紹介します。

≫≫≫自分の適職が何か、そして自分のコミュニティや目的の業界にどんな仕事があるかを知ることは大切です。

第5章　理想の仕事を探すには　｜　105

第6章

一番得意なことを
仕事にしましょう

●●●●●●●●●●●

　大人になって実際に最初の仕事を得る前に、知っておかなければならない非常に重要な事柄がふたつあります。ひとつは自分がどんなふうに「思考する」か、そしてもうひとつは自分がどんな経済に身を置いているかということに関係しています。自分の脳の情報処理法に合う仕事ができた方が、長い目で見て幸せでしょう。また、経済に関する知識が多ければ多いほど、その中を楽に渡っていけるはずです。本章では、このふたつのテーマを扱っています。

> ### 思考様式

　自分がどう情報を処理しているかを知りましょう。私の場合、言葉ではなく、絵でものを考えます。つまり話し言葉を聞くと、気づかないうちにすぐさま頭の中でそれを絵に置き換えるのです。奇妙に思われるかもしれませんが、自閉症スペクトラムであろうとなかろうと、こんなふうに思考する人は大勢います。私たちは「視覚型思考者」なのです。

　例えば、顧客の１人が家畜用誘導路の設計に関する悩みを私に話したとします。すると、私は即座に頭の中でその言葉を映画にし、それを見たうえで、「頭の中の書類棚」にしまいます。こうしてその情報は私の長期記憶の中に入り、また必要になった時に取り出せ

るようになります。

　幸い、私はとても優れた長期記憶——脳の中の保管庫——をもっています。一方で、短期作業記憶の方はまるでだめです。例えば、同時に2、3のことをやろうとしたら、私は疲れきってしまうでしょう。したがって、そのような「マルチタスク」〔複数の作業を同時に行うこと〕が必要な仕事に就けば、さんざんな結果に終わるはずです。そういう人は私だけではありません。高機能であれ低機能であれ、自閉症スペクトラムの人の大半は、短期作業記憶があまり優れていません。その一方で、多くの場合、ほとんどの人よりも優れた長期記憶をもっています。

　自閉症またはアスペルガー症候群の人の脳は、専門化している傾向があります。そういった人の脳はひとつの物事に優れ、ほかの物事にはあまり優れていない場合が多いということに私は気づいたのです。概して、専門化した脳には3つのタイプがあります。(a) 視覚型思考、つまり絵でものを考える脳、(b) 音楽・高等数学型の脳、(c) 言葉リスト・翻訳者型の脳です（Grandin, 1999）。各タイプの才能を活かす仕事を以下に挙げます。これらは単なる仕事ではなく、キャリアになるような仕事です。また、例えば医学や法律に比べれば、就く際のハードルが低い仕事でもあります。

　最初のグループ、つまり視覚型思考者向けの仕事は、理論数学を

表6.1　視覚型思考者に合いそうな仕事

▶建築・工学製図技術者	▶自動車整備士
▶写真家	▶機械の保守管理技術者
▶動物の訓練士	▶コンピューターのトラブル処理担当者
▶グラフィック・アーティスト	▶演劇の照明監督
▶貴金属・宝石細工工やその他の工芸	▶産業オートメーションのプログラマー
▶ウェブデザイナー	▶ランドスケープ・デザイナー
▶ベテリナリー・テクニシャン〔動物医療技術師〕（p169 参照） 〔屋外空間をデザインする人〕
	▶生物学教師

第6章　一番得意なことを仕事にしましょう

ほとんど必要とせず、マルチタスクもまず求められません。マルチタスクは、短期記憶の中で起きる高速の情報処理を利用するのです。ここで紹介する仕事は、自閉症スペクトラムの人たちが特に得意とするふたつのもの、視覚型思考と長期記憶を活用します。これらの仕事はディスレクシア〔読み書き障害〕のある人にも適しているはずです。ディスレクシアのある人の多くは視覚型思考者であると同時に、マルチタスクが苦手なのです。

　音楽・数学型の脳は、数のパターンか音楽のパターンでものを考えます。このような思考様式をもつ子どもには音楽の才能がある場合が多く、数学も楽々こなします。視覚型思考者ではないことが多く、数や事実、音楽を得意とします。表6.2に仕事の例を挙げます。

　表6.3に挙げるのは、数や事実、外国語を得意とする非視覚型思考者に概してよく合う仕事です。要するに、このタイプの脳は言語に比較的強いのです。小さい頃は、リストや数に興味をもちます。

表6.2　音楽・数学型の脳に合いそうな仕事

▶コンピューター・プログラマー	▶数学教師
▶エンジニア	▶化学者
▶物理学者	▶エレクトロニクス技術者
▶音楽家・作曲家	▶音楽教師
▶統計家	▶科学研究者

表6.3　言語に比較的強い脳をもつ非視覚型思考者に合いそうな仕事

▶ジャーナリスト	▶会計士
▶翻訳者	▶予算アナリスト
▶司書	▶簿記・記録管理担当者
▶証券アナリスト	▶特別支援教育の教師
▶コピー・エディター〔記者が書いた文章をチェックしたり手直ししたりする人〕	▶図書の索引作成者
	▶言語聴覚士
	▶在庫管理のスペシャリスト

子ども時代の趣味としてありがちなもののひとつは、野球の打率を記憶することでしょう。また、この表の中の仕事は短期作業記憶をほとんど必要とせず、とても優れた長期記憶を必要とします。

高機能でも低機能でも、自閉症スペクトラムの人に非常に不向きなのはマルチタスクが必要な仕事、つまり複数の作業を同時に行う仕事です。初歩的な仕事の中にも、私が苦労しそうなものはたくさんあります。例えば、レジ係は客と会話しながら釣り銭を出さなければなりません。口述筆記(ディクテーション)の仕事も、聴覚処理の問題があるため難しいでしょう。受付係も私にはまったく合わないはずです。たくさんのことを一斉にこなさなければならないからです。一般的に、私たちには一度にひとつずつ作業をこなすような仕事が必要なのです。

興味のあることを追求しましょう

どんな仕事がしたいかを考える時は、興味のあることを追求しましょう。ただし、現実的になる必要もあります。大学へ行くなら、仕事につながりそうな学科を専攻しましょう。例えば、情報科学はほとんどの場合いい選択と言えます。それどころか、一流のプログラマーの中にはアスペルガー症候群か、少なくともその特質の一部――ソーシャルスキルが低いとか、ひとつのテーマに固執するなど――をもっている人が大勢いると私は確信しています。

自閉症スペクトラムの人にお勧めの専攻学科には、ほかに会計学、工学、図書館学、芸術などがありますが、芸術の場合は（生活していけるように）商業美術や製図に重点を置くべきです。一般に、歴史や、政治学、商学、国語、純粋数学は避けた方がいいでしょう。こうした学位だけでは仕事を見つけるのは至難の業です。ただし、図書館学を専攻して、歴史を副専攻にするのはいいかもしれません。図書館学の学位があれば、いい仕事が得やすくなるはずです。

もしあなたが自閉症スペクトラムの子どもの親なら、子どもがまだ高校生のうちに、製図やコンピューター・プログラミング、商業美術など、興味のあるテーマの大学レベルの講座を受けさせてくだ

>>> 自分の脳の情報処理法に合う仕事ができた方が、長い目で見て幸せでしょう。

さい。そうすれば、人生がきわめて困難に感じられがちな時期に、やる気を保つ助けになるかもしれません。

ソーシャルスキル

　いくつかの社会的なサバイバル術も、習得するか磨くかする必要があります。まずは人の話を聞くことや、目を合わせること、会話術が基本です。職場は社会的な機関なので、礼儀正しさや身だしなみはとても大事です。それに、仕事を得るには熾烈な競争があるかもしれません。その場合、あなたが洗練されていればいるほど有利なはずです。私たち自閉症スペクトラムの人間にとって、これは容易ではないということは承知していますが、少なくとも努力することは大切です。たぶんあなたは職場で、共通の興味をもった人と話をし、友達になるでしょう。私の社会生活はほぼ100パーセント仕事と関係しています。つまり、私は一緒におもしろい仕事を行っている仲間たちと親しくしているのです。

　前にも書きましたが、職場で生き延びるには外交術を学ばなければなりません。上司が間違ったことをしていても、直接そう告げてはいけません。さらに言えば、同僚に向かってあなたは間違ったことをしていると単刀直入に告げるのも、あなたの得にはならないでしょう。相手を侮辱せずに否定的な事柄を伝える方法を学ぶことが大切です。第1段階として、不愉快な行動とその人自身とを分けて考えるといいでしょう。そんな同僚の問題からわが身を守ることが第2段階です。

金銭などの記録管理

　それ以外に習得しなければならないサバイバル術のひとつは、お金の取り扱い方と、適切な記録管理です。例えば、私は請求書を受け取ったら、忘れないようにその日のうちに払ってしまいます。仕事の方では、収支管理に必要な記録のつけ方を財務の専門家に教えてもらいました。私は自分の提供するサービスには一律の料金を課

し、支払いについては、どんな仕事にいくら払ったかを控えておきます。こうすると記録管理が簡単になり、首尾よくできます。

21世紀の経済

仕事または職業を本格的に探す前に得ておくべき情報は、もうひとつあります。経済全体の動向です。このグローバル経済の浮き沈みに準備しておけるよう、全体的な情勢を知っておかなければなりません。21世紀の経済の大きな特徴のひとつは、技術革新です。事業や学校の運営のしかたも、私たちの暮らしも、技術革新によって絶えず変化しています。

知識経済

基本的に、21世紀の経済は一語で要約することができます。テクノロジーです。製造工場から学校の教室、小規模オフィスに至るまで、テクノロジーは職場を一変させました。アメリカ経済に新たな活気を吹き込み、新しい職種も創出しました。しかし、自閉症スペクトラムの人やその他の人たちが担っていたはずの、非専門的な手仕事を一部奪い去ったことも事実です。だからこそ、経済を理解することはほんの10年前と比べても重要になっているのです。

あなたはずっとこのグローバル経済の中で暮らし、働いていくのですから、この経済について学生のうちから勉強を始めなければなりません。経済関係の新聞、雑誌など、日刊紙や全国誌でなるべく多くの情報を仕入れましょう。

私たちを取り巻く経済は、いわゆる「知識経済」です。いまは情報と教育が何よりも重んじられているのです。アメリカ労働省の『職業展望ハンドブック』（*Occupational Outlook Handbook*）を見た人は、雇用が特に急増している仕事がどれもテクノロジー関係であることに気づくでしょうが、それも驚くには当たりません。現在は情報と通信が世界を動かしているのです。

≫≫≫どんな仕事がしたいかを考える時は、興味のあることを追求しましょう。ただし、現実的になる必要もあります。

アメリカの成長産業は「サービス業」のカテゴリー内にあります。サービス業と言えば、金融、保険、不動産、政府機関、輸送、通信、公益事業などが含まれますが、新しい職の5分の3がこのカテゴリーから発生しているのです。そういった新しい職の大半は、ビジネス、健康、社会福祉関連のサービスでしょう。

生涯学習

雇用の増加がとりわけ著しい職業10種は、それに就くだけでも何らかの中等後教育〔わが国の高校卒業後の教育〕が必要です。その10種とは、医療助手〔実際の治療ではなく、事務的な仕事や患者の検査の準備などを行う〕、ネットワークシステムおよびデータ通信アナリスト、医師助手〔医師の監督下で治療を行う〕、福祉サービス助手、在宅医療補助員、医療記録および医療情報関連の技術者、理学療法士補助員〔理学療法士または理学療法士助手の監督・指導下で働く〕、コンピューター・ソフトウェア・アプリケーション・エンジニア、コンピューター・ソフトウェア・システム・エンジニア、理学療法士助手〔理学療法士の監督・指導下で働く〕です。2002～2003年版の『職業展望ハンドブック』〔原著執筆時の最新版〕には、「高給の仕事に就くには教育が必要不可欠です。現に高給の職業上位50種のうち、2種を除くすべてが大学の学位を必要とします」とあります。これがあなたの将来に何を意味しているかと言うと、今日の経済の中で仕事を得るには、何らかの——コミュニティ・カレッジであれ、職業学校であれ、大学であれ、職業訓練所であれ——中等後教育を受けなければならないということです。あなたは学習のしかたを知らなければならないし、学習は一生続くのだということを認識しなければなりません。

かつては学校に行くのは若い時だけでしたが、いまでは絶えず起きている変化についていくため一生学びつづける必要が出てきました。そのために実地訓練を受ける人もいれば、学校の授業に出席したりオンライン授業にアクセスしたりする人もいるでしょう。方法

が何であれ、教育はいまや一生つき合っていくものになったのです。あなたは仕事の現場で学ぶだけではなく、学校やセミナーでも学ぶことになるでしょう。これから生涯学習が定着していくことは厳然たる事実です。

　職業や仕事の計画を立てる時は、あなたが一番得意なことを選んでください。自分の強みをもとに計画を立て、その強みを活かせる分野で働くべきです。優れた才能をもっているなら、必ず作品集を作りましょう。紙の形であれ電子版であれ、作品集は仕事探しに役立つ道具になります。さらに、現在のグローバル経済についてできるだけ勉強し、その経済の中で働く態勢をより万全に整えておきましょう。そして、いついかなる時でも、自分の性格ではなく仕事を売り込んでください。

　本書の最終章では、自閉症スペクトラムの人に合いそうなさまざまな仕事や職業を特別に選び、実際にその仕事をしている人たちを紹介します。

》》》いまでは絶えず起きている変化についていくため一生学びつづける必要があります。

●第7章●●●●●●●●

自閉症スペクトラムの
人に最適の仕事

●●●●●●●●●●●

　この章では、自閉症スペクトラムの多くの人に適していそうな職業・分野で働く人たちの体験談を紹介します。登場する人たちは、どうすればその分野に入れるか、どうすればそこで働きつづけられるかについて、すばらしいアドバイスを提供してくれています。ここでは本人がじかに体験したことのほかに、アメリカ労働省の『職業展望ハンドブック』に書かれている職業情報も盛り込みました。

　まず自閉症スペクトラムの多くの人に合う職業・分野を選び、それを実際に経験しているということを基準に、インタビュー回答者を選びました。インタビューには電話、面会、電子メールという3つの方法を使い、1人の人物紹介の作成に3つの方法すべてを使ったこともありました。

　これから紹介するサラ・ミラー（Sara Miller）は、自閉症スペクトラムの起業家です。サラの就労体験談は、人が適職を見つける際にさまざまな道をたどるということを示す好例です。

> ### ある自閉症スペクトラムの人がたどった職業遍歴

サラ・ミラー（Sara Miller）
──工業・製造業向けのコンピューター・プログラミング
　サラ・ミラーは、「アスペルガー症候群」という言葉がアメリカ

で使われはじめる前の1992年に、特定不能の広汎性発達障害（PDD-NOS）と診断されました。サラは、ミネソタ州ミネアポリスで工業・製造業向けのコンピューター・プログラミング業を営んでいます。サラの職業遍歴を紹介します。

いまの職業に就いた経緯は？

　この質問で悩むのは、何が私の「職業」なのかという定義ですね。
　私のキャリアは、自分というよりもほかの人たちが築いたんです。ほかの人たちが私の技能を目にして、それを活かす方法を勧めたんですよ。私は人から勧められたことを試すと、たいてい成功したんです。たぶん、驚異的な文字記憶力のおかげでしょうね。思い出せる限り、私は「ほかの人の真似」をするか、人が期待することをしてきたんです。つい最近まで、私――自分、つまりサラ――が本当にやりたいことは何なのかを真剣に考えたことなんて一度もなかったんです。それを説明したうえで、経緯を紹介しますね。
　高校2年生の時（1970〜71年、ウィスコンシン州グリーンベイにあるイースト高校）、一番尊敬を集めていた科学教師が私に、全米科学財団のサマースクール・プログラムに参加するよう勧めてくれました。それで生化学のプログラムに参加したんです。場所はコネティカット州ウィンザーで、6週間の集中的な宿泊型プログラムでした。全米から集まった49人の頭のいい子たちと一緒に過ごすのは最高でしたよ。グループ研究プロジェクトを行ったんですが、私は自分の高校へ帰って高校3年生になってからも、そのプロジェクトを続けたんです。それでその年、グリーンベイの科学博覧会で優勝しました。もしかしたら、審査員の何人かが私のプロジェクトの題名すら発音できなかったからかもしれません。「ヘテロ多糖の分解」という題名だったんですけどね。私を応援してくれた教師は鼻高々でしたが、私が州や地域や全国規模のコンテストに出なかったのでがっかりしていました。私はばかげた科学博覧会――初めて会う赤の他人と話さなければならないイベント――と、奨学金や、学校や、

将来の職業とのつながりがわかっていなかったんですね。それでも、この経験で私は、「なるほど、科学畑でなら私はいつでも何かできるかもしれない……」と思いました。

　大学はミネソタ大学に入りました。両親の出身大学だからです。でも、うまくいきませんでした。たぶん初めての人に会うのが苦手だったからでしょう。学年の半ばで、ウィスコンシン大学マディソン校に転学することにしました。そこへ行っている友達がたくさんいたからです。それはともかく、私は寮で部屋が近かった女の子に勧められて、「非専攻学生のための栄養学」という授業を取っていたんです。その授業がとても楽しくて。ほとんどの内容をすでに知っていたからです。母は理学療法士としての教育を受けたので、健康にとても気を遣いながら私たちを育てたんです。私は思いました。「これを専攻してもいいの？　ものすごく簡単じゃない！」と。それで、転学すると同時に、栄養学・食品科学を専攻することにしたんです。

　卒業（1975年12月）後は、食品業界に入りました。働くには最高の分野だと誰もが思っていましたよ。景気が悪い時でも、誰だって食べものは食べなきゃなりませんから。私は大量のデータを扱う能力と、正確さへのこだわりから、生産施設の品質管理部門に配属されました。強迫性障害と自閉症の人間には悪くない場所でしょう！でも、ほかの人がルールに従おうとしないとすごく腹が立って、結局いつもやめてしまいました。その後また食品業界で別の品質管理の職を見つけるんですが、やはりそこの人たちにもがっかりさせられたんです。

　70年代後半から80年代前半にかけては、食品の製造機械にコンピューターが導入されはじめていました。ここでも私は、論理や2進法の能力と優れた記憶力をもっていたために、さまざまな工程を自動化する仕様を開発するよう命じられました。その後、特殊な産業用コンピューターのプログラムを書く方法を勉強させられたんですが、これも私にとっては楽勝でしたね！

自分の仕事ぶりが上司やそれと同格の人よりはるかに優れていたので、私はまたしても知的レベルの面で幻滅してしまいました。私にはソーシャルスキルが不足していたし、ときどき奇妙な反応や行動を見せたので、こういった人たちをすごく困らせていたんですけど、自分ではわかっていませんでした。私の頭の中では、自分はただ事実を述べているだけだったんです。会社側は私をかわいがり、昇進させたがりました。身近な人たちは私がクビになるのを望んでいました。それで私はやめたんです……またです。

　すでに産業プログラミングの世界には足を踏み入れていたし、どのみち私はエンジニアだとほとんどの人から思われていたので、もう一度学校に入りなおすことにしました。ミルウォーキー工科大学で、コンピューター工学技術の準学士号を取ろうと思ったんです。最初の数年間、工学の授業は一定の厳密な順序に沿って進められます。私はもう学位をもっていたので、一般教養科目はまったく取らずにすみました。それで、空いた時間にこの大学の継続教育学部で品質管理・統計を教えたんです。そして、すでに上達してきていたプログラミング技能を使い、自営で働きはじめました。

　大学の課程を修了しても、既存の企業で正社員の職に就こうとはしませんでした。自営業者としての働き方が自分にぴったりだったんです。顧客の問題を解決するこまごました作業だけやって、それが終わったらそこを立ち去ればいいんですから。これなら、政治ゲームにも同僚とのくだらないおしゃべりにも巻き込まれずにすみます。

　ちょうどこの時期に、特定不能の広汎性発達障害と診断されたんです。それに、テンプルと出会ったのも創業1年目でした。私たち、お互いの事業の構造がとても似通っていて驚いたんですよね。2人とも自宅を本拠として個人で事業を営んでいたんです。

　ただ私の場合、考えが足りなくて、その働き方を貫かなかったんです……父は起業家として成功していたし、母は5人の娘に、人前に出しても恥ずかしくないマナーやエチケットを身につけさせまし

た。そういう能力と、この時もやはり記憶力のよさを見て、ほかの人たちが別の会社を立ち上げてはどうかと提案したんです。それは少人数の産業関係の請負業者とコンサルタントのための会社で、全員が経営上の手助けを受けられるというものでした。こうして1995年1月に、産業システム統合会社ノヴァ・システムズ社が立ち上げられました。

　小規模企業の所有者としての悲喜こもごもが、私の人生に入り込んできました。その心理的負担は予想していたよりはるかに大きくて、私はそこまで覚悟ができていませんでした。自営業者の典型的な社交術は、チームワークには向いていません。要するに、私は自分の「職業」を工業・製造業向けのプログラマーだと思ってもらえるとうれしいんです。従業員数人の企業を所有していることについては、あまり満足していないし、自閉症スペクトラム障害のある人には決してお勧めしません。

あなたが働いている分野または業界と、そこに影響を及ぼしているトレンドについて教えてください。

　産業オートメーションまたはシステム統合が、私の働いている分野です。ここ20年でハードウェアの価格が下がったので、新しい電気制御装置を使って旧型の機械を改良するための投資がまあまあ報われる機会が増えました。でも景気が悪い時は、そのまま古い手法で機械をのろのろ動かしておきます。そういう時はあまり仕事が来なかったりしますね。いまは景気が上向きになってきています。業界全体が恩恵を受けるでしょう。

　もうひとつ、業界に影響を及ぼしているのは外国との競争です。インターネットを通じてできることがどんどん開発されているので、アメリカのシステム統合担当者やプログラマーはすごく腕がよくなければならないし、素早くサービスを提供できる地理的な近さを売り込まなければなりません。幸い、自閉症スペクトラムの高機能の人の多くは、この種の作業にとても優れているんです。

この分野または業界に入りたがっている人に、
何とアドバイスしますか？

　プログラマーとしては、プログラミングだけでなく、それ以外のことも学んでください。プログラミングは単なる論理にすぎません。プログラミングは、人間の世界の事柄を、機械が理解できる1組の2進数のビット（言語）に「翻訳する」ことでしかないんです。仮にフランス語を勉強するとして、一度もフランスに行かなかったら、コミュニケーションの中で文化のニュアンスがわかるわけないでしょう？　同じように、コンピューター・プログラミングでも、うまくプログラムを書けるかどうかは、基礎となる知識、つまり「人間の世界」のテーマを理解しているかどうかにかかっているんです。例えば、私は「プログラミング」というものの存在を知る前に、食品製造システムをよく知っていました。

　エンジニアとして産業オートメーションの分野で働くには、機械工学・電気工学・生産工学に精通していなければなりません。そうでないなら、せめて専門的アドバイスをもらえるような本当に仲のいい「友達」がいなければなりません。

この分野または業界では、どんな場合に
昇進できるんでしょう？

　実のところ、工学で理学士号を取った証拠の紙切れなんてなくても、成功することはできるんです。ただ、それがないと、多くの企業では人事部から先に進みにくいでしょう。また、管理職になりたいなら、そういう紙切れがいろいろあった方が昇進と昇給に役立つでしょうね。物理学や物体の運動、電気学を理解していれば、技術的な細かい事柄はだいたい働きながら教われます。たいていの場合、工業製品はほとんどの学校で教えることより技術的に進んでいるものです。

必要とされる技能や才能には以下のようなものがあります。
- 論理：大量のデータを整理する能力
- 細部重視：細部が与える影響を認識する能力
- 独創性：異なる観点から物事を見る能力
- 疑問をもつこと：全体像を理解するために多くの問いを発すること
- 飽くなき学習欲：独学する能力

働く人たちの話を聞き、その経験から学びましょう

理想的な世界であれば、親切な家族があなたの手を取り、世の中にある種々さまざまな仕事について教えてくれるでしょう。もしかしたら、実際にそうしてもらった人もいるかもしれません。でも、仕事の世界は広大で入り組んでいるので、援助者はなるべく多い方がいいでしょう。

次のコーナーは、まさにそのような手助けだと考えてください。何人かのとても才能豊かな援助者が時間を割き、自分のいる分野・業界の職業について知識を提供してくれるのです。こうした人たちの経験とノウハウを借り、航空エンジニアから獣医助手に至るまで、各種の職業をもっと詳しく知りましょう。

このコーナーを読む時は、次の事柄に注意してください。
- **「基本情報」**では、その職業の背景情報に目を留めてください。この情報は、とても便利なアメリカ労働省の『職業展望ハンドブック』に載っていたものです。この欄にはだいたいの給与額や雇用の増加率を記していますが、『職業展望ハンドブック』にははるかに多くの情報が載っています。

　〔注記：『職業展望ハンドブック』（*Occupational Outlook Handbook*）の情報はあくまでアメリカの事情で日本の事情とは異なりますが、職業の捉え方、仕事の考え方において日本の読者にも大いに参考になります。なお、本書では、『職業展望ハンドブック』のデータは

原著刊行時の最新版である2002〜2003年版のものを紹介しています。最新のデータは http://www.bls.gov/oco/ で見ることができます〕

» 次は**「業界人からのアドバイス」**を読んでください。ここでは、その分野・職業に起きている変化のほか、あなたがそこでうまくやっていくのに必要な技能や能力について、インタビューの回答者が自分の見方を詳しく述べています。

» その後は、**「この世界に入るには」**を読みたくなるでしょう。ここでは、初めてその分野で仕事を得る際に必要な教育または経験を詳しく記しています。

» **「仕事で成功するには」**では、その分野での昇進のしかたや、雇用主が従業員に求めることについてアドバイスします。また、同種の職業を挙げています。

職　業
航空機整備士
アズラン・ヘイズマン（Azlan Hazeman）

基本情報

　小さい頃、アズラン・ヘイズマンは「なぜ？　どうして？」という質問を雨あられと浴びせるのが好きでした。なぜ空は青いの？　どうして換気扇の羽根は落ちないの？　なぜ電気は家電製品を動かせるの？　そんな好奇心──のほかに、おそらく母親に言わせれば、しつこさ──から、ヘイズマンは知りたがり屋にぴったりの職業に就きました。航空機整備エンジニアです。

　過去10年間、ヘイズマンはこの生来の知的好奇心と機械いじりの能力を活かして、所属航空会社のハンガー〔格納庫〕に駐まっている巨大航空機の問題点を発見し修復してきました。

　ヘイズマンはこう話します。「私の責任は、航空機が出庫されて使用される前に、その航空機を使える状態に、そして安全に飛行できる状態にすることです。もっと具体的に言うなら、航空機が一定の飛行時間を経てハンガー・チェックを受ける時、パイロットから報告された不具合があればそれを直し、航空機メーカーの整備スケジュールで定められた定期的な整備点検と運用試験を行うこと、それが私の仕事です」。

　航空機の電気系統・計器類・エンジン・航空機システムを修理、交換、オーバーホール、点検、試験する場合もあります。航空機整備エンジニアとして、ヘイズマンは整備士チームを監督しています。ヘイズマンが整備士たちの仕事を認証して初めて、航空機は飛び立てる状態になるのです。

　整備士と技術者の2000年の平均時給は19.50ドルでした。『職業展望ハンドブック』によれば、航空機整備の分野は今後10年間堅調だろうということです。雇用機会の多くが生じるのは、コミューター〔短距離航空路線〕やローカル路線を扱う小規模な航空会社のほか、

連邦航空局公認の修理所、そして一般航空〔民間航空・軍事航空以外の航空部門〕です。航空整備士の訓練をちょうど受けはじめたばかりの学生は幸運です。この時期、就職の競争率があまり高くなさそうだからです。軍から転職してくる人が減り、多くの退職者が出るため、競争率が下がっているのです。

業界人からのアドバイス

最も人気のある就職口は、給料が比較的高く、旅行の特典がある大規模な航空会社です。ただし、こうした職の採用対象になるには、確固とした仕事の経験と、この分野の技術的変化についてきた実績が必要です。また、航空会社が整理統合を続け、自動在庫管理システムを採用しつづければ、こういった職をめぐる競争は激化するでしょう。

ヘイズマンは言います。「航空機の整備方法と、親会社の業績を除けば、一般的にはこの分野に直接影響を与えるトレンドは多くありません。景気がよければ、整備もとても忙しくなります。世界経済が不振だと、例えばSARS〔重症急性呼吸器症候群〕が流行した時みたいに、一部の航空機は地上に留まって、私たちも待機モードになります」。

この分野で優れた仕事をするには、まず第一に航空機システムの根底にある理論を深く理解し、第二にさまざまな不具合の修復やトラブル解決の経験を十分に積むことです。航空機のふつうの不具合と異常な不具合に対応した経験が多いほど、素早く直せるようになります。航空会社に入る時、豊かな経験と航空機システムへの深い理解をもっていれば、マニュアルを調べる時間が短くなるでしょう。そうすれば航空機が定刻どおりに出発できるので、あなたのおかげで会社側は多くの時間と費用を節約できます。

「有能なエンジニアというのは、必要な作業と不具合の修復を時間どおりに行うことができ、部下の整備士たちを管理できるような人間です」とヘイズマンは語っています。

この世界に入るには

　航空機の理論を理解するため、基礎となる数学・物理・国語の力を高校でしっかり身につけておきましょう。あとは、実地訓練と教室内での訓練を含む4年間の訓練で教わることになります。3交代勤務（昼間、夕方、夜間）をこなし、この仕事に付きものの厳しい肉体的負担に耐えるには、体力と健康も必要です。航空機の整備士またはエンジニアは、よじ登ったり歩いたりといった動作をすることが多いのです。

仕事で成功するには

　この分野での昇進を左右するのは、年功と、多機種の航空機を扱った経験です。通常、昇進と言えば、主任エンジニアや作業長、監督者などになることが含まれます。こうしたポストはたいてい航空機の整備チーム（エンジニア、整備士、実習生）全体の上に立ち、きちんとチームワークがとられ、部門横断的な職務が果たされるように努めます。

　既存の航空機が抱える問題や、新型機の開発について常に最新情報を把握しておくために、検査通知または最新の問題に関する航空機メーカーからの広報は、当然ながら必ず読まなければなりません。

　航空整備士の仕事に魅力を感じたら、以下のような機械関係の仕事にも興味がわくかもしれません。

- ≫　自動車整備士
- ≫　暖房・空調設備の設置
- ≫　電気技師
- ≫　コピー機の修理
- ≫　産業機械の保守

職　業

芸術家

バーナデット・トレス（Bernadette Torres）

基本情報

　芸術家として働いている人が全米でたった14万7000人しかいないと聞くと、この分野は競争率が高くなさそうだと思うでしょう。でも、実際はその逆です。芸術家として働くには才能が必要だし、成功するには自分の仕事に対して強い情熱をもっていなければなりません。

　あるいは、陶芸家のバーナデット・トレスが言うように、「自分の芸術に毎日取り組まなければいけません！」。

　『職業展望ハンドブック』によれば、アメリカの芸術家の半数以上は自営で、これは同種の職業の約7倍の割合だといいます。成功には何が必要かと自営の芸術家たちに尋ねれば、同じ答えが何度も返ってくるでしょう。情熱と、やる気と、管理をきちんとすることだという答えです。

　自営を除くと、芸術家は各種の組織の中で、教師やアートディレクター、アニメーター、マルチメディア・アーティスト、イラストレーター、絵画修復家など、さまざまな職種で働いています。現代社会ではテクノロジーの果たす役割が非常に大きいので、ビデオや映画、コンピューター、その他の電子メディア向けに、特殊効果やアニメーションといった視覚的イメージを制作して才能を活かしている芸術家もいます。言い換えれば、芸術家はこういったことすべてを手がけるのです！

　『職業展望ハンドブック』によれば、2000年から2010年までの芸術家の雇用増加率は、全職業の平均値と同程度、つまり10～20％と予想されているとのことです。組織や企業で働いた美術家——画家、彫刻家、イラストレーターなど——の年収は、約1万4000ドルから5万8000ドル以上と大きな開きがあります。アートディレクターは

3万ドルから11万ドル、マルチメディア・アーティストは2万3000ドルから7万ドルでした。これらの金額はすべて、『職業展望ハンドブック』に記されていたものです。

業界人からのアドバイス

バーナデット・トレスは、まだ小さい頃にフロリダ州セントピーターズバーグで芸術制作を始めました。「職歴」がスタートしたのは小学校4年生の頃です。放課後に青少年センターで開かれていた芸術講座を受けるお金がなかった時、講師がトレスを助手として「雇った」のです。

「この仕事で、『月間ボランティア賞』までもらってしまったんですよ」とトレスは笑います。「市長から盾をもらいました」。

トレスは陶芸家であると同時に、大学で芸術の教員も務めています。教職に就いたのは、さまざまな仕事を経た後でした。「学生と接した時の楽しさがどうしても忘れられなくて」とトレスは言います。

トレスによれば、自分が芸術家を志したのは、学校時代を通じて数人のすばらしい教師が応援してくれたからだといいます。教師の手助けによって、トレスは常に自分の最高の仕事をすることと、プロ意識をもつことを学びました。このふたつを学ぶことは、トレスが芸術家の卵全員に勧めることでもあります。

この世界に入るには

訓練や教育は、どんな芸術を専門とするかによって違ってきます。しかし通常、美術家として働くには何らかの正式な中等後教育が必要です。美術の学士・修士課程を提供している大学はたくさんあります。こうした課程はどちらかというと制作活動に重きを置いていますが、国語や数学、社会科学、自然科学といった主要科目でしっかりした基礎力を得ることも大事です。

トレスが悟ったのは、大学は芸術家として活動するための教育は

十分にしてくれたけれども、芸術での「キャリア」を築く訓練は不十分だったということです。大学院に行きたいと思った時、トレスは必要な手紙や小論文がうまく書けないことに気づいたのです。

「もし書いていたら手こずったでしょうが、私は誰に助けを求めればいいかを知っていたんです。まず自分の言いたいことを書き、あとはジャーナリズムなどをやっていた友達の助けを借りて、手直ししました」

いまでは芸術学校ももっとしっかり一般教養科目を教えている、とトレスは語っています。大学レベルで美術を教えるには、修士号をもっていなければなりません。小学校・中学校・高校で教えるには、教員免許と学士号が必要です。イラストレーターやアートディレクターといったその他の芸術関係の仕事にも、それぞれの教育ルートがあります。

芸術関係の仕事に就くには、多くの場合、作品集を作る必要があるでしょう。いついかなる時でも、自分の作品の証拠として写真を付けることをトレスは勧めています。また、若い芸術家はあらゆることに挑戦し、さまざまな種類の芸術や仕事のやり方を勉強するように、とも勧めています。トレスはかつて新しい仕事を必死で探していた時、「服飾デザイナーになりなさいよ。やることなんて、スパンコールをくっつけるだけだから」という友達のアドバイスに従いました。

そこで職業別電話帳を調べ、服飾デザイン会社を7社見つけて、過去数年間に自分のためにデザインした服の写真を送りました。何日かしてトレスは面接を受け、服飾デザイナーとして採用されました。ただし、仕事の重要部分である裁縫のしかたは知りませんでした。「仕事をしながら縫い方を覚えたんですよ」とトレスは語っています。

仕事で成功するには

トレスのアドバイスは、何よりもまずプロ意識をもてということ

です。また、どんな時でも自分のほしいものを求めるべきだ、とも言っています。たとえあなたが内気でも、会話のしかたを学びましょう。会話は目的の分野でチャンスを見つけるのにも役立つし、作品に興味をもってくれた人と親しくなるのにも役立ちます。

　芸術と関係のないアルバイトをしていても、毎日、制作を続けましょう。作品をアピールし、補助金、創作奨励金、奨学金、コンテストなど、何にでも応募しましょう。そうすれば、作品の宣伝や追加収入の獲得につながります。

　トレスの最後のアドバイスは、自営で芸術を手がけるのであれ、デザイン産業やアニメーション分野で働くのであれ、とにかく自分の仕事について知ってほしいということです。隅々まで詳しく知れば、その仕事をうまくやっていくだけでなく、仕事をいっそう好きになる一助にもなるからです。

　芸術家になることに興味をもったら、芸術の才能が必要な以下の仕事も気に入るかもしれません。

- 建築または工学分野の製図・設計
- グラフィック・デザイン
- 貴金属・宝石細工
- ウェブページのデザイン
- 広告向けの商業美術

職　業

大学教員
スティーヴン・ショア（Stephen Shore）

基本情報

　カレッジかユニバーシティ〔どちらも4年制大学だが、概してユニバーシティの方がカレッジより規模が大きく、大学院課程が充実している〕で教えることに興味がある人はラッキーです。こうした中等後教育の機関は、さまざまな理由でいま活気づいているのです。その

理由とは、連邦政府が打ち出した「福祉から就労へ」という指令〔福祉手当の給付から就労支援への福祉政策の転換〕のほか、18～24歳の人口の増加、職業訓練のために大学へ行く成人の増加、アメリカの教育機関で学ぶ外国人学生の増加などです。うれしいニュースはほかにもあります。『職業展望ハンドブック』によると、こうした中等後教育機関の教員の雇用は、2010年まで全職業の平均値より高い増加率を示すと予想されているのです。

　中等後教育の教員職にもいろいろあります。4年制の大学やその他の教育機関のように、博士号を要する職があるかと思えば、特定の職業の訓練を専門とする学校には、職業や技術を教える職もあります。2000年には、中等後教育の教員が130万人以上いました。その大部分は、アメリカの4年制大学と2年制のコミュニティ・カレッジの教員として、計1500万人近くのフルタイム学生・パートタイム学生〔パートタイム学生はフルタイム学生よりも一定期間内での規定の履修量が少ない〕を教えていました。

　中等後教育の教員の平均年収は4万6330ドルでした。

業界人からのアドバイス

　スティーヴン・ショアは、ボストンの大学で音楽の教員を務めています。しかし、ほかの多くの大学教員と同様、ショアの職業は教壇に立つことだけではありません。自閉症スペクトラムのショアは、自閉症とアスペルガー症候群についての講演のほかに、コンサルティングと執筆も行います。先ほど紹介したトレンドそのままに、ショアが教員生活の中で目撃した最大の変化は、学生が年齢・文化・国籍の面で多様化しているということです。そのうえ、ありとあらゆる種類の障害のある学生が中等後教育機関にどんどん入ってきている、とショアは指摘しています。そのため教員はかつてないほど、学生の強みに合わせた教え方を学ぶ必要性に迫られています。

　ショアはこう語っています。「私たちは教育に従事しているんですから、教授法と評価のレパートリーを広げなければならないん

す。データを学生の頭に『ダウンロード』して反復させるというやり方からは脱却しなければなりません」。

いい教師はむしろ授業の進行役のようでなければならない、とショアは話しています。そのほかに必要とされる強みと技能は、以下のとおりです。

- 学生たちが得意とする多様な学習法に合わせて教えるため、情報をさまざまな形にまとめて提示できること。
- 学生と関わり、学生の技能・能力レベルを判断して、それを考慮しながら授業カリキュラムを作れること。
- 教室内にはさまざまな強みや生育歴や能力をもつ学生がいるので、複数の技能レベルで教えられること。
- コンピューターやCD-ROM、ソフトウェア・プログラムなど、さまざまなテクノロジーを補助教材として教室で使えること。
- 自分の専門分野の最新動向に常に通じ、新たな研究や情報を授業に取り込めること。
- 学術委員会と管理委員会で委員を務められること。
- 学位課程や職業の選択について、学生に助言やカウンセリングを行えること。
- 4年制の教育機関の場合、大学院生の授業と研究を監督し、自分自身の研究を行えること。

この世界に入るには

コミュニティ・カレッジの一般教養課程で教えるには、専門分野で最低でも修士号をもっていなければなりません。職業訓練の教員は、学士号とその分野の経験しかもっていないケースがよくあります。ユニバーシティの教員になるには、博士号が必要です。一般的に4年制大学は「教授術」より研究を重視するので、学生と接することに興味があるなら、2年制のコミュニティ・カレッジで教えるのが最善でしょう。多くの教員は非常勤で働きながら、教職という

仕事を学びます。教職が自分に合っているかどうかを知るにも、非常勤で働くのが絶好の方法です。

テクノロジーにまだ詳しくないなら、よく勉強しましょう。遠方の学生に教えるため——そして市場を拡大するため——オンライン講座やテレビ講座など、遠隔教育戦略を採用している教育機関が多いからです。

教育分野での昇進は、多くの場合、教室から出て管理職になることを意味します。このような異動については慎重に考えましょう。管理職の職務はたいてい、教室での指導とはだいぶ勝手が違うし、必要な技能や能力も違うからです。

スティーヴン・ショアは、学内政治という地雷原を安全に歩いていくために、職場でメンターを見つけるようアドバイスしています。もし言いたくなければ、自閉症スペクトラムであることはメンターに伝えなくてもかまいません。必要なのは、あなたのキャリアと仕事に興味をもつ信頼できる人と友達になることです。

自閉症スペクトラムの人が教員になって困ることのひとつは、学生の顔がなかなか認識できないことだとショアは指摘します。「学生のことがちゃんとわかるようになるまで、長くかかる場合もありますよ」。この問題に対してショアがとっている方法は、毎日出席をとることと、人の名前を覚えづらいという事実を学生に正直に話すことなどです。机の上に置く名札を学生に作らせてもいいでしょう。それには職業の目標と個人的な目標もカラーイラストで描かせるのです。その名札を使って、学生に自己紹介してもらいましょう。

教職に魅力を感じたら、やはり教えることに関係する以下の仕事も気に入るかもしれません。

- » スポーツチームのコーチ（とりわけ特殊なスポーツ）
- » 空手やヨガといった運動を教えること
- » 職業学校または技術学校で、得意な技術科目を教えること
- » 特別支援教育プログラムで教えること

職　業

コンピューター・プログラマー

パット・ブラウン（Pat Brown）

基本情報

　コンピューター技術は企業や学校の運営のしかただけでなく、私生活のあり方まで変えてしまいました。ソフトウェア言語を動かし、テストし、メンテナンスする命令を書くのは、コンピューター・プログラマーです。プログラマーは命令を作成するだけでなく、コンピューターがさまざまな問題を解決する方法も開発します。

　プログラミングという職業は、狭い特定分野を扱う傾向が強いと言えます。例えば、金融サービス業向けの命令を書くことと、州政府向けに各学区の目標達成状況をモニターする命令を書くことは、だいぶ違うのです。ネットワーク・システム・アナリストや、コンピューター・ソフトウェア・アプリケーション・エンジニアといったほかのコンピューター技術関連の仕事に比べると、2000年から2010年までのプログラミングの雇用増加率は低く、10～20％となりそうです。主因は、既製のソフトウェアが数多く市販されていることです。

　『職業展望ハンドブック』によれば、2000年の時点で、58万5000人のプログラマーの年収はおよそ3万5000ドルから9万3000ドルでした。最も多くのプログラマーが働いた分野はコンピューターおよびデータ処理サービスでしたが、エンジニアリング会社や、コンピューターおよびオフィス機器会社、保険・金融サービス会社にも多くのプログラマーが見つかるはずです。そして、プログラマーの需要は大きく変動するので、派遣社員として働いている人も大勢います。

業界人からのアドバイス

　パット・ブラウンは20年以上前から、ある電力業者でプログラ

マーとして働いています。その間、プログラミングは格段に高度になり、コンピューターはますます複雑な問題を解決できるようになってきたといいます。ブラウンが目にした大きな変化のひとつは、ここ数年間のネット業界の不況です。

ブラウンはこう語ります。「プログラミングはもう以前ほど自由気ままな職業ではなくなりました。プログラマーは以前のようには職場を転々とすることがなくなったんです。確信はありませんが、雇用主は大学の学位を以前より重視するようになったかもしれません」。

ここ数年、産業界はまったく新しいコンピューター・プログラムを作ることより、標準プログラムを使うことに関心を寄せるようになりました。そのため、既存のシステムに設定変更を加えることがいっそう注目を集めている、とブラウンは指摘します。

この世界に入るには

プログラミングの世界に入る方法を問われると、ブラウンは次のようにアドバイスしました。「これまでもずっとそうだったんですが、どんなところでキャリアをスタートさせるかは気にする必要はないんです。とにかく、ためらわずにスタートを切ることです。そのうちよそへ転職する可能性は十分あるし、どうせ3年もたてばテクノロジーなんて変わってしまうんだから、経験を積みましょう。この世界では経験がものを言うんですよ」。

プログラミングの世界に入る人は、準学士号または学士号をもっているか、職業訓練を受けてきています。ブラウンによれば、修士号取得者はめったに見かけないそうです。テクノロジーはめまぐるしく変化するので、そのような学位をもっていても役に立たないかもしれません。

仕事で成功するには

コンピューター技能をどの業界で活かすかによって、戦略は変

わってきます。でもたいていの場合、プログラマーは他分野の人たちと同じようには昇進しません。独立して、プログラミングとコンサルティングの会社を立ち上げる場合が多いのです。起業する理由のひとつは、企業のプログラマーに対する需要が仕事量によって増減することです。

　また、プログラミングは遠隔で行える仕事でもあります。多数のアメリカ企業がプログラミングの仕事を外国に移管しています。

　プログラミング言語の変化だけでなく、自分が働く特定分野の変化にも対応しましょう。柔軟性をもち、動きの速いこの世界で取り残されないよう、学べることは何でも学んでください。

　コンピューター・プログラミングに興味があるなら、外国のオフィスへ移管される可能性の低い仕事を選ぶのが一番いいでしょう。そのような仕事をいくつか挙げてみます。

- 大企業のコンピューター・ネットワーク管理者
- ハードウェア、ソフトウェアの別を問わず、コンピューター関係の問題を解決する自営のコンピューター・スペシャリスト（さまざまなオフィスを訪れ、コンピューターの問題を修復したり、新システムをセットアップしたりします）
- あまりにも特殊な分野を扱っているため、仕事を外国に移管できない中規模企業のコンピューター・プログラマー
- コンピューター・セキュリティ・システムのコンサルタント

職　業
製図
リック・ジョーダン（Rick Jordan）
マーク・ディーシング（Mark Deesing）

　この項目はほかと若干異なります。私が数年来、仕事で親しくつき合ってきたリック・ジョーダンとマーク・ディーシングという2人の人物を取り上げているのです。私もこの分野で働いているので、

私自身のコメントもいくつか盛り込んでいます。

基本情報

　家畜施設の設計者である私は、自分が行った設計を製図技術者に紙に描いてもらいます。設計図がきちんとその役目を果たすには、正確でなければならないし、描く手段がコンピューターだろうと手だろうと、うまく描けていなければなりません。

　私が知っている一流の製図技術者に、リック・ジョーダンとマーク・ディーシングがいます。リックは大規模な食肉加工会社で働き、マークは私と一緒にグランディン・ライヴストック・ハンドリング・システムズで働いています。2人とも手描きで製図を学んだそうですが、製図の始め方としては何と言ってもこれが最善の方法だというのが私の考えです。多くの企業がコンピューター援用製図〔ＣＡＤ：ここでは Computer-Aided Drafting の略〕プログラムを使いますが、特に複雑な設計図は手で描かなければならない場合が多いのです。

　製図技術者は、建築事務所や航空メーカー、石油精製所、電子機器会社など、さまざまな種類の組織で働きます。仕事は、建築物やパイプライン、産業機械、冷蔵庫、玩具をはじめ、ありとあらゆる製造物や建造物の技術的な詳しい図面を作ることです。そのために製図技術者は、製品の作り方を生産・製造チームに指示する図やスケッチ、記号を使います。

　製図技術者は作業にコンピューター技術も使うので、テクノロジーに抵抗感があってはいけません。2000年には製図技術者として働く人が21万3000人いました。『職業展望ハンドブック』によれば、そのうち40％がエンジニアリング会社と建築事務所で働き、約1万人が自営だったということです。2000年から2010年までの雇用の増加率は全職業の平均と同程度、つまり10～20％と予想されます。『職業展望ハンドブック』を見ると、製図技術者の時給は、働いている分野や経験に応じて約11.20ドルから28.69ドルまでとなっています。

業界人からのアドバイス

　リック・ジョーダンは、食肉業専門の大企業で企業プロジェクト設計主任として働いています。自社の施設や機械の設計図を描く時、リックはエンジニアと生産チームのパイプ役を務めます。リックは職業学校で製図を勉強しましたが、わずか1年でその課程を修了しました。その後はいわば学生教師として教員を補助し、実際に自分も教員になるために大学へ行くことも考えたそうです。

　「でも、コロラド州の大きな食肉加工会社が機械製図技術者を求人していて、先生が私を面接に行かせたんです。仕事探しの経験を積ませるためです。で、手描きのバルブの断面図を面接者に見せたら、即、採用されました」とリックは語っています。

　リックは自分の成功に何が役立ったのか、完全に確信しているわけではありません。ただ視覚型思考者として、頭の中に見えるイメージを作り出しているという点は自覚しています。これは製図技術者にとっては非常に有利な特質なのです。

　「私の成功の鍵は、新しい物事を独学したり、ひとりで働いたりできることだと思います。私には、とても理解のある協力的な上司がいるんです。それに、新しいアイディアを研究する手段、つまり自分を向上させる方法も、公私ともにちゃんともち合わせています」とリックは話しています。

　もう1人の製図技術者マーク・ディーシングは6年前からこの分野で働いていて、その間ずっと世界各地の家畜施設の設計図を作成してきました。マークは自分の仕事に喜びを感じています。彼が描くのは動物に優しい食肉加工工場の設計図なのですが、食肉加工業界がそのような工場への関心を年々高めているからです。

　テクノロジーはマークの仕事の中で大きな役割を果たしています。オートCAD〔コンピューター・プログラムの一種〕も使うし、設計図を電子メールで顧客に送ることもよくあります。「電子メールで図面を送れるので、こちらから足を運ぶ必要さえない顧客も多いんです。それでも一部の顧客のところへは行きますけどね」とマーク

は説明しています。

かつては装蹄師として馬に蹄鉄をつけていたマークにとり、製図は持ち前の創造性を活かせる絶好の機会です。マークもリックも建設現場に出かけ、自分の設計物の建築を監督してきました。こうした現場での経験があるからこそ、実際にうまく機能するものを設計できるのです。また、2人は自分の設計物の使用者にじかに接し、その施設がどれだけ効果を発揮したか、意見を聞きます。設備の実際の使用者から意見を聞くことで、絶えず設計を改良していくことができるのです。

この世界に入るには

マークは自分が行っているような製図をしたい人に、動物と接することを勧めています。これはそういった実地経験が役立つ仕事なのです。また、工学の学位とは言わないまでも、工学の技能があればプラスになります。動物科学の学位も役立つでしょう。

リック・ジョーダンのように、あなたも職業学校の製図課程を卒業するといいでしょう。『職業展望ハンドブック』によれば、技術学校や、コミュニティ・カレッジ、一部の4年制大学がこうした課程を提供しているとのことです。

高校では、数学や、科学、コンピューター技術、そして設計かコンピューター・グラフィックのコースを取るようにしましょう。もちろん、機械関係に強くなる必要もあるし、3次元の物体を描く能力と、フリーハンドで作図する能力も伸ばす必要があります。さらに、建設規格や製造規格をある程度理解し、十分な問題解決能力と対人能力も身につけておきましょう。

リックもマークも、コンピューターを使いはじめる前に手描きで製図を学びました。2人の図面がすばらしいのは、そのせいでもあるのです。コンピューターを覚える前に、手で描けるようにならなければなりません。コンピューター・プログラムを学びながら手で描く勉強をするのは、至難の業です。私はこれまでに数多くの大企

業から図面をもらいましたが、特に優れた図面は、まず手で描くことを学んだ製図技術者のものです。このような図面はほかよりも詳しく、間違いが少ないのです。

仕事で成功するには

アメリカ設計製図協会（American Design Drafting Association, ADDA）が資格認定プログラムを行っています。定期的に全米各地で実施される製図技術者認定試験に合格すると、資格が与えられるのです。また、雇用主が昇進させたいと思うのは、特に高い専門技能をもち、機械に強い製図技術者です。要するに、ＣＡＤによってさまざまなことが可能になり、設計の幅が広がっていくなかで、あなたはテクノロジーの変化と進歩についていかなければならないのです。

製図技術者は好不況を繰り返す循環産業で働くことが多いため、その分レイオフに遭う可能性も高くなります。これはつまり、自分のできる最高の仕事をし、常に技能を磨かなければならないということです。多くの製図技術者は派遣社員として働きます。このような人たちは不況時にも仕事を続けられるかもしれません。

「仕事での成功の鍵は、その人の個人的なプライドと実績にかかっているということを忘れないでください」とリック・ジョーダンは語っています。

優秀な製図技術者を必要とする分野・場所には、以下のようなところがあります。

- 建築家
- あらゆる種類の大規模な工場
- あらゆる種類の建築業者
- 州の幹線道路課
- 都市計画課
- エンジニアリング会社

職　業

起業家

クリス・スウィリー（Chris Swilley）

基本情報

　起業はアメリカのいわば成長産業です。例えば1997年には、起業研究コンソーシアム（Entrepreneurial Research Consortium）の調査で、アメリカの3500万世帯以上——全世帯のおよそ３分の１——が「新興企業または中小企業に深く関わったことがある」との結果が出ています。

　アメリカ中小企業庁は、中小企業（従業員500人未満）について以下のように報告しています。

- 雇用主全体の99.7％以上を占めている
- 民間部門の被雇用者全体のうち、半数以上を雇用している
- アメリカの民間部門の賃金総額のうち、44.5％を支払っている
- 年間の雇用の純増分のうち、60〜80％を創出している
- 従業員１人あたりが生み出す特許の数が、大規模な特許取得企業より13〜14倍多い（しかも、これらの特許が被引用回数で上位１％に入る確率は大企業の特許の２倍）
- ハイテク労働者（科学者、エンジニア、コンピューター関係の労働者など）の39％を雇用している

　中小企業を立ち上げることは、自閉症スペクトラムの人にはすばらしい選択肢です。というのも、自分の労働環境を可能な限りコントロールする手段が得られるからです。重責に押しつぶされずに起業する方法もあります。

　まず理解してほしいのは、事業を立ち上げる前に起業に関するエキスパートにならなければならないということです。

　ビジネスに関するトレーニングをある程度受けるまでは、自分で事業を始めるのはやめてください。ビジネス・トレーニングでは、

目的の業界の研究方法や、狙うべき市場とライバルの定め方を学ぶことになるでしょう。また、事業運営に必要なすべてのことについて知識を得るはずです。さらに、事業を行うのに必要な財務書類の作り方と読み方も習うでしょう。

業界人からのアドバイス

クリスティーン・スウィリーと夫のウィルソン（Wilson）は、これまでに犬の預かり所や自動車修理所など、いくつかの事業を2人で行ってきました。ウィルソンは食肉会社で機材の設計を行っていましたが、1987年に経営陣が刷新されたのをきっかけに退職しました。

ほとんどの起業家と同じように、スウィリー夫妻もろくに準備をする時間がないまま、生計を立てる必要に迫られて事業を始めたのでした。

クリスはこう振り返っています。「この企業を立ち上げなければならなかったのは、夢なんかとはまったく無縁でした。追いつめられたことが一因だったんです。私たちは修理所と犬の預かり所を経営していました。それほどうまくいっていたわけではないけど、その経験がこの新事業をやってみるための自信のもとになりましたね」。

こうして、スウィリー家の寝室でボンド・イクイップメント・コーポレーションという会社が誕生しました。食肉加工業向けの重機を設計・製造する会社です。

スウィリー夫妻の起業経験は、アメリカの大部分の新興中小企業がたどってきたパターンと一致しています。つまり、家族の1人が十分な予告なしにレイオフされたり退職したりした場合や、家族が病気でもっと介護する必要がある場合、そして家族にもっと収入が必要な場合に、解決策として自宅で事業が立ち上げられるのです。理由がどうあれ、中小企業の起業家はたいていビジネスのトレーニングや教育をほとんど受けていません。事業資金に至っては、さら

に貧弱です。

クリスも、不本意ながら、まさにこのとおりでした。起業のトレーニングを受けず、資金もなかったせいで、利益の上がる健全な企業になるには時間が長めにかかりました。でも、スウィリー夫妻には大きな武器がありました。ウィルソンが1969年から機械の設計を手がけていたので、夫妻は設計ビジネスと食肉業界を熟知していたのです。

「ウィルソンが設計ビジネスを始めてから8カ月もたたないうちに、従業員を11人も抱えるようになったんですよ」とクリスは語っています。

中小企業にとって、速すぎる成長は遅すぎる成長と同じくらい危険な場合もあります。では、起業家は理想として、どんな予備知識をもっているべきなのでしょうか？

仕事で成功するには

クリスが挙げた知っておくべき重要項目は、以下のとおりです。

- 目的の業界と市場を徹底的に知ること。焦点を定めておくこと。
- 勉強をいとわないこと。
- 責任を人にゆだねられるようになること。
- 柔軟な姿勢を保つこと。時には必要な情報やほしい情報がすべて揃わないうちに決定を下さざるをえないこともあります。
- 資金をまずは十分に、その後はある程度用意しておくこと。資本不足は中小企業が失敗する一因なのです。
- まずは小さい規模で始めること。

起業家は、自閉症スペクトラムの人にとってすばらしい職種にもなりえます。ただ成功の度合いは、起業に向けてどれだけ計画を練ったか、どれだけ時間をつぎ込んだかに比例します。時間を割いて、精いっぱいのことを学んでください。その見返りは後で何度も何度もやってくるはずです。

起業して成功する可能性のある事業には、以下のような種類のものがあります。

- グラフィック・デザインと商業美術
- 大企業と競合しない特殊領域における、隙間市場のコンピューター・プログラミング
- さまざまな業界向けの特殊機材
- 錠前・防犯システム
- ランドスケープ・デザイン
- 貴金属・宝石細工などの工芸
- 建築・工学分野の設計と製図
- コンサルティング。例えば、特別な支援が必要な学生のための個別教育プログラムの開発など

職　業

財務会計・記録管理

シェリル・サンダーマン（Sheryl Sunderman）

基本情報

　正確な事実や数字やデータを扱うのが楽しいという人は、会計や記録管理の分野で力を発揮できるでしょう。こうした職業では、正確さと几帳面さが大切です。自閉症スペクトラムの多くの人、特に非視覚型思考者は、この種の仕事に大いにやりがいを感じられるかもしれません。

　基本的に会計士や監査人の役目は、組織・企業・政府機関に効率的な運営をさせ、正しい記録をつけさせることです。一方、簿記・会計担当の事務員は、さまざまな組織や企業の財務関係のデータを実際に記録します。ただ、会計という分野は広がりを見せていて、予算分析や、情報技術関連のコンサルティング、そのうえ資産運用と投資の計画作成まで含むようになっています。『職業展望ハンドブック』によれば、そのため会計士はさらに幅広い能力と技能を身

につけたうえで、この世界へ入らなければならないといいます。簿記担当者にも同じアドバイスが言えます。経験と技能が豊かであればあるほど、採用されやすくなるはずだからです。

『職業展望ハンドブック』によると、2010年までの会計士と監査人の雇用は、全職業の平均値と同程度、つまり10〜20％増えると予想されているとのことです。2000年の時点で、アメリカにいる97万6000人の会計士・監査人の平均年収は4万3500ドルでした。

一方、簿記・会計事務員の雇用は、同じ時期に0〜2％しか増えないと予想されています。なぜでしょう？　組織は、進歩したテクノロジーを活用したり、記録管理の作業そのものを整理したりしているので、空きがそれほど出ないのです。ただ、雇用の絶対数が多い——2000年にはアメリカ国内で約200万人が簿記・会計事務員として働いていました——ので、たとえ増加はしないとしても、退職や昇進といった要因によって職の数は高水準で推移するはずです。ただし、そうした職の多くは人材派遣会社のものとなるでしょう。現在では、こうした記録管理の仕事を外部に委託する組織が少なくないからです。もうひとつ要注意なのは、金融サービス業界で、データ主体のこうした仕事の多くが外国へ移管されているということです。アメリカよりも経費のかからない国へ移されているのです。

業界人からのアドバイス

公認会計士のシェリル・サンダーマンは、会計に興味がある人に対して、必要な財務関係の技能だけでなくコミュニケーションの技能も習得するようアドバイスしています。競争の激しいこの業界でうまくやっていくには、口頭・文字での明快なコミュニケーションが重要なのです。また、情報技術についてなるべく多くの知識を得るのもいいことです。会計事務所はテクノロジー関連の問題について顧客と話し合うことも多いのです。最低でも、マイクロソフト・ワードとエクセルは上手に使いこなせるようになりましょう。このふたつのプログラムはオフィスの基本的な仕事道具だからです。

「机に屈(かが)み込み、財務書類を食い入るように読んでいる孤独な会計士」というお決まりのイメージは、いまでもある程度は現実です。少なくとも平日の一部の時間は、会計士はそんなふうにして過ごします。しかし、会計士は人との接し方もうまくなければならない、とサンダーマンは指摘します。勤務時間内には顧客や同僚との打ち合わせもあるし、チームワークをとる技能も成功には不可欠なのです。

いまは女性がこの分野に入るのにいい時期だ、とサンダーマンは語っています。それどころか、大学で会計学の課程に登録している女性の数は、現在、男性を上回っているのです。

この世界に入るには

大半の会計の職では、会計学かその関連分野で最低でも学士号をもっていることが求められます。雇用主の中には、従業員に会計学の修士号か、会計学に重点を置いた経営管理学修士号を求める人もいます。会計事務所の共同経営者(パートナー)はみな、自分の働く州から認可を受けなければなりません。

大学の会計学課程の登録者は全体的に減少しているので、会計事務所は学生を勧誘しにキャンパスに足を運んでいます。もしあなたがこの分野に興味を感じ、要求される技能や才能をもっていると思うなら、こうした勧誘の担当者と話をし、自分の住む地域の会計事務所と早々に関係を築いておきましょう。

また、インターン〔実習生〕として働けるようにも努めましょう。インターンは仕事の経験を積む絶好の手段です。さらに、高校生のうちから簿記や会計学の授業を取りましょう。サンダーマンの場合、これが会計士という職業への第一歩となり、早期にキャリア設計を描く一助になったのです。大学で会計学の勉強をしながら、簿記・記録管理担当の事務員として働くのもいいでしょう。これはビジネス全般について学ぶのにもってこいの方法です。

仕事で成功するには

会計の世界で昇進したい人に贈るサンダーマンのアドバイスは、とてもシンプルです。

>> 公認会計士の試験を受けて合格すること。公認会計士の資格を取ることは、この世界で昇進するのにとても重要です。しかし、それには忍耐力と、さらに多くの勉強時間が必要です。
>> 残業をいとわないこと。
>> 「マルチタスク」つまり同時に複数の作業ができること。
>> 会計の慣行や基準の変更について、常に最新情報を把握しておくこと。
>> 期限に遅れないこと！

サンダーマンによれば、企業などの組織は以前より「会計に詳しく」なっているので、サービスを提供する会計士の側も知識を増やさなければならないといいます。「できるだけ多くのことを学ぶようにしましょう」とサンダーマンはアドバイスしています。

会計専門職には、いくつかの種類があります。主要4分野は以下のとおりです。

>> **公認会計士** 多種多様な顧客のために、会計や、監査、税金申告書作成、コンサルティングなど、幅広いサービスを提供します。税金を専門とする会計士もいれば、補償給付・医療給付専門の会計士、さらには企業倒産の際の法廷会計〔法的問題での補助のために会計・監査・調査の技能を用いること〕を専門とする会計士もいます。
>> **管理会計士** やはり多種多様な顧客にサービスを提供しますが、予算編成や、業績評価、コスト・資産管理といった、経営に関わる役割を担います。たいていは経営陣の一員として、戦略計画や新製品開発に関わります。
>> **政府会計士・政府監査人** 政府機関や、政府機関と取引のある組織に対し、会計報告や支出に関して法律を遵守させます。
>> **内部監査人** 組織の資金の使い方が適切かどうかを確認し、

浪費や不正を調査します。

会計に魅力を感じた人は、以下のような金融・財政関係の仕事にも興味をもつかもしれません。

- ≫ 証券アナリスト
- ≫ 政府予算アナリスト
- ≫ 政府統計家
- ≫ 内国歳入庁の職員

職　業

グラフィックアートのデザイン

キム・タッパン（Kim Tappan）

基本情報

優れた視覚的センスと創作欲のある人にとって、グラフィック・デザインは刺激的でやりがいのある職業かもしれません。グラフィック・デザイナーは、さまざまな組織で印刷デザインと電子メディアのデザインを作成します。コンピューターソフトを使って、雑誌や新聞、機関誌、企業の報告書といった刊行物のデザインとレイアウトを作成するのです。また、広告・販促用のディスプレーや、宣伝用パンフレット、企業のロゴ、インターネットのウェブページなどもデザインします。

『職業展望ハンドブック』では、ウェブ関連のデザインに対する需要増や、映像制作分野の成長のおかげで、グラフィック・デザインは非常に堅調な分野とされています。2010年まで、平均以上の割合で雇用が増加すると予想されています。2000年の平均年収は3万4570ドルでした。

この分野には起業家も大勢います。その1人がタッパン・デザインのオーナーであるキム・タッパンです。

業界人からのアドバイス

タッパンは美術の学士号・修士号を取得して卒業して以来、グラフィック・デザイナーとして働いています。タッパンは笑いながら次のように話してくれました。「私、食べるのにも困るような芸術家にはなりたくなかったんです。だから、卒業後しばらくは大学で美術を教えていました」。

その後、印刷会社の美術部門に勤め、できるだけ多くのことをできるだけ素早く吸収しました。実を言うと、これがタッパンの最初のアドバイスなのです。つまり、グラフィック・デザイン業を知るためには何でも試してみてほしいということです。

この意欲的な姿勢がタッパンを助けました。勤めていた印刷会社が美術部門を閉鎖した後、タッパンはそこの機材を買い取り、会社で身につけた技能を活かして自分のデザイン会社を設立したのです。

この分野に入って20年近くの間に、タッパンはグラフィック・デザインがハイテク化・複雑化するさまを——そして競争が激化するさまを——目にしてきました。その一因は、家庭用コンピューターとソフトウェア・プログラムが増えたことです。タッパンは自宅で働くこうしたデザイナーと競合しようとはしていません。むしろ書籍のデザインなど、より大がかりで複雑なデザインの仕事を中心に取り組んでいます。

また、タッパンは起業の増加も目にしています。会社を立ち上げるグラフィック・デザイナーが増えているのです。こうした会社は多くの仕事を受注している、とタッパンは説明します。専門的な分野を手がける小規模な広告宣伝会社が、外部のデザイナーをプロジェクトに起用するようになったからです。また、比較的大規模な組織も、内部のデザイン部門を縮小したり解体したりしたため、外部のデザイナーを起用しています。

新しいフォントデザインであれ、新しい価格基準であれ、変化についていくことはとても重要です。タッパンはアメリカグラフィックアート協会（American Institute of Graphic Arts）とアメリカ印刷

工業会（Printing Industry of America）というふたつの業界団体に入ることを勧めています。この2団体の会議と刊行物は、タッパンが業界の最新動向を把握しておくのに役立っているといいます。また、タッパンは年1回開かれるHOW会議に出席し、HOWの刊行物「HOW」誌も読んでいます。

　会社を立ち上げるつもりなら、作品を売り込むことができなければならないので、人脈作りと優れたソーシャルスキルは必須だとタッパンは言います。もしそれが得意でないなら、その部門を担当できる人を会社に迎えることです。

この世界に入るには

　とにかくできるだけ多くのことを学ぶように、とタッパンはアドバイスしています。あなたが大学生なら、ぜひインターンとして働いてください。デザイン理論も学んでおいて損はありませんが、仕事の経験こそが最良の教師なのです。だから、たとえ最初は無償であっても、仕事をしましょう。コンピューター・プログラムについては可能な限りのことを学んでください。でも、いいデザインを見分ける目も必ず養ってください。

　タッパンはこう指摘しています。「大学を出たばかりのとても才能のある子たちを大勢見ているけれど、みんなデザインの技能はいまひとつなんですよ。レイアウトとデザインに関しては鋭い目をもっていなければいけません。私の場合、美術を勉強したのが役に立ちましたね。この仕事はデザインが命なんです。もっといいデザインができるように、学生には美術課程を取ることをお勧めします。みんな、フォトショップ〔画像加工ソフト〕のようなテクニックはいろいろ習得しているんですが、それをどうページ上にレイアウトするかがデザインの成否を決めるんですから」。

　それでも、芸術学士号であれ、コミュニティ・カレッジで2年で取れる準学士号であれ、学位を取るのはいい考えです。職業学校に行くのもいいだろう、とタッパンは言います。ただ、最低限のこと

だけでなく、必ずそれ以上のことを学んでください。可能なら、印刷工程の予備知識も得ましょう。

仕事で成功するには

デザインの腕を上げることも大事ですが、グラフィックアートのデザイン分野で成功するには人間関係を築くことも大事です。自営でなくとも、顧客や同僚とコミュニケーションをとれるだけのソーシャルスキルは必要です。相手はあなたに仕事を任せるのですから、あなたがそれをきちんとこなせるという確信がほしいのです。だから、顧客と雇用主に信用されるよう、できるだけソーシャルスキルを高めましょう。会社にとって欠かせない人材になれるように、社内では常にさまざまな仕事に挑戦してみてください。

『職業展望ハンドブック』に書いてあるデザイナーへのアドバイスは、柔軟な姿勢で積極的に新しいアイディアを受け入れること、幅広い知識をもつこと、そしてトレンドの変化に対応できるようになることです。優れた問題解決能力も重要だし、ひとりで働けることと締切りを守れることも大事です。

グラフィック・デザインと同種の技能を使う職業には、以下のようなものがあります。

- » 建築製図・工学製図
- » スチール写真撮影
- » 映像撮影（フィルム、映画、テレビ）

職　業
冷暖房・換気・空調技術者
ドン・ウエスト（Don West）

基本情報

チャンスさえあれば自宅のトースターやラジオを分解してしまう子どもがいますが、あなたもそんな子どもだったのなら、暖房・空

調・冷凍を扱う仕事が性(しょう)に合うかもしれません。この分野は非常に堅調で、2010年までの雇用の増加率は平均的な職業を上回る――21～35％――と予想されています。

　この高成長の理由を理解するのは難しいことではありません。空調・暖房システムは、住宅や学校、オフィスビル、工場、食品雑貨店、洋服店など、どこにでもあります。世界が「狭く」なり、より密に結ばれるにつれて、かつては現代生活のぜいたく品だったこうしたシステムが広く普及しました。それに伴って、システムを設置・保守・修理する能力のある専門職者も広く求められるようになったのです。こうしたシステムには機械部品・電気部品・電子部品が組み込まれていて、複雑化の一途をたどっています。技術者は冷房と暖房の両方を扱えるような訓練を受けていますが、多くの場合、どちらか一方の設備の設置・保守・修理を専門としています。

　2000年にはアメリカ国内に24万3000人以上の冷暖房・冷凍技術者がおり、平均時給は15.76ドルでした。『職業展望ハンドブック』によれば、こうした技術者の約3分の1は冷暖房業者に勤務し、ほかは多種多様な業界や政府機関に雇用されていたということです。およそ5人に1人が自営で、ドン・ウエストもその1人です。

業界人からのアドバイス

　ドンと息子のブライアン（Bryan）はすべてをこなします。一般家庭と企業の冷暖房システムを設置・保守・修理するのです。ドンは以前、鉄道エンジニアでしたが、鉄道業界が不安定に見えはじめた時に仕事をやめ、冷暖房・換気・空調職の勉強をしに学校へ行きました。そして、この科目をすっかりマスターし、いまではコミュニティ・カレッジの非常勤教員として冷暖房・換気・空調職を教えています。

　近年のこの業界の大きなトレンドは、大企業が多数の中小冷暖房会社を買収し、さらに大規模な企業へと統合していることだ、とドンは語っています。これにより、大企業は自分たちで価格を設定で

きるため、家族経営の零細業者は業界から弾き出されます。また、この分野で有能な技術者が不足しているという点も、ドンは指摘しています。

この世界に入るには

この分野に入るのに必要な正式な学歴は特にありません。ただ大半の企業は、実務経験であれ、職業学校またはコミュニティ・カレッジの課程であれ、事前にある程度の訓練を受けていることを従業員に求めます。業界について学ぶには、必ずさまざまな業界団体に属し、その会議に出席しましょう。また、この業界の小規模な会社のオーナーと話をし、インターンを受け入れる気があるかどうかを確認してください。もしそれが可能なら、最初は一番下っ端として働く覚悟をすると同時に、向上心を示しましょう。

「働きはじめてすぐ最高クラスの給料をもらえるはずだ、と思っている新卒の学生を山ほど見てきましたよ。実際には、ようやく勉強を始める準備ができただけなのに」とドンは語っています。

多くの都市が、この分野で働く技術者に何らかの資格を求めるようになってきています。また、会社を立ち上げ、事業許可を得るには、国に承認された検定組織から熟練者と認められなければなりません。

仕事で成功するには

この職業では通常、セミナーや研修に参加して、仕事への興味を示したり知識を増やしたりすることが昇進につながる、とドンは説明しています。

この分野で現在起きている変化のひとつは、冷暖房・換気・空調の機器およびシステムがますます複雑化しているということです。例えば、『職業展望ハンドブック』によれば、この業界の技術者は新しいテクノロジー———一種の「ウェブ」携帯電話端末——を使えるといいます。この端末を使うと、機器の問題を調べつつ、現場か

らインターネットに接続できるのです。また、いまではコンピューターのハードウェアとソフトウェアのおかげで、問題発生時には冷暖房機器そのものが保守部門へ自動通報できるようになっています。つまり、技術者が仕事をうまくこなすためには、コンピューター技術に精通していなければならないのです。

同種の技能を使う職業には、以下のようなものがあります。

- 自動車整備士
- 産業メンテナンススタッフ（工場の設備を修理する）
- 電気技師
- 配管工

職　業
情報機器の修理
モニカ・ジョンストン（Monica Johnston）

基本情報

旺盛な好奇心をもって生まれ、ものをいじくるのが好きな人は、私たちの仕事――と私生活――を楽にする機器の修理業に就いてみたいでしょう。コンピューターや事務機器はもちろん、現金自動預け払い機（ＡＴＭ）まで修理できれば、変化の激しいこの時代に、満足のいく職を見つける最高の方法になるかもしれません。

ＡＴＭなしでは銀行は業務を行えないし、レジが故障すれば食品雑貨店は営業できません。コピー機がなければ、学校やオフィスは困ってしまうでしょう。こうした機械の必要性を考えると、現場に来て修理をし、立ち去っていく人たちに、私たちはお世話になっているのです。この人たちのおかげで私たちはその日の業務に戻れます。

このような仕事は安定しています。今日の経済の流動性を考えると、安定しているのはいいことです。オフィスや学校、商店、組立ライン、銀行、政府機関など、業務を行っている組織が存在する限

り、機械の故障時には誰かが直さなければならないのです。その誰かがあなたであってもおかしくありません。

　2000年には、故障したコンピューターや事務機器やＡＴＭの修理で生計を立てる人が、アメリカ国内に17万2000人いました。『職業展望ハンドブック』によれば、時給は11.80〜23.42ドルだったとのことです。この分野の雇用は2000年から2010年までの間に10〜20％増えると予想されています。

業界人からのアドバイス

　モニカ・ジョンストンはアメリカ中西部にあるコミュニティ・カレッジで、コンピューターの使い方と修理のしかたを学生に教えています。ジョンストンは大学院へ入った時、別の学科を専攻していましたが、ある科目を受講していた時に「これだ！」と思い、専攻を変更したのです。

　ジョンストンはこう振り返ります。「大学院で、必修の『情報技術入門』を取ったんです。その先生がコンピューターとテクノロジーにすごく情熱をもっていて、その熱意がうつったんですね。授業が始まって２週目か３週目には、自分の学位の重点とキャリア設計を変更していました」。

　コミュニティ・カレッジで学ぶ教え子の中には、転職を目指したり、一から学び直したりしている学生が少なくないので、ジョンストンの経験は学生の参考になります。ジョンストンが力説するのは、情報技術の分野がこの10年で大きく様変わりしたということです。例えば、インターネットがビジネスや社会全体に与えた影響の大きさは筆舌に尽くせません。顧客とじかに接することができるため、企業は多くのチャンスを手にできます。しかし、インターネットはいいことずくめではありません。企業も個人も、1990年代後半には新興の「ドットコム」ベンチャー企業に投資し、莫大な金額を失いました。生き残った企業各社は、現在再編を図り、テクノロジーによって生まれるチャンスと問題点を現実的に評価しようとしています。

この世界に入るには

ジョンストンは次のように話します。「私のアドバイスは、柔軟になれ、ということですね。テクノロジーは急速に変化するんです。成功するには、そういった変化に対処し適応できる態勢でいなければなりません」。第二に、テクノロジーの変化についていくためには、一生、訓練と学習に取り組んでいかなければならない、とジョンストンは語っています。

さらに、分析的・批判的な思考能力にも優れていなければなりません。技術の教育ではコミュニケーション能力や対人能力を重視しないことが多いのですが、このふたつは成功に欠かせないものです。専門職者になるには、従来型の教育と訓練のほかに、業界で承認された資格を取る必要もあります。

通常、コンピューターや事務機器やＡＴＭを修理するには、電子工学の十分な基礎知識が必要です。『職業展望ハンドブック』によれば、雇用主は入社希望者に対して、修理工の資格のほかに、準学士の課程、軍、職業学校、情報機器メーカーのいずれかで訓練を受けた経験を求めているとのことです。電子機器・コンピューター機器修理工向けの資格プログラムは、いくつかの職業団体・業界団体が実施しています。資格を取ったということは、修理技術を評価するいくつかのテストに合格したということであり、雇用主にとってはいっそう貴重な人材となります。

仕事で成功するには

コンピューター修理の分野では、昇進の機会は千差万別です。技術職であれ管理職であれ、昇進の機会は往々にして組織の規模に左右されます。

経験と、情報機器の技術的変化についていく能力があれば、昇進に役立つでしょう。多くの場合、さらなる訓練の費用は雇用主が払ってくれます。訓練を受け、多くの機器の修理方法がわかるようになればなるほど、昇進の可能性は高まります。

コンピューター技能を使う仕事には、ほかに以下のようなものがあります。

- 大規模なオフィスのコンピューター・ネットワーク管理者
- ＡＴＭ修理者
- コンピューターのトラブル処理担当者
- コンピューターのセットアップ技術者。新しいソフトウェアのインストールや、ハードウェアの設置を手伝う
- 大型店舗のコンピューター在庫システムの修理者
- 通信・電話網のスペシャリスト

職　業

学習に関するスペシャリスト

デニース・ゾートマン（Denise Zortman）

基本情報

現在、教育サービスはアメリカ屈指の規模を誇る分野ですが、これには学習に関するスペシャリストとチューター〔個別指導員〕が含まれます。このふたつは大学では非常に重要な仕事なのです。こうした職に就く人たちは、さまざまな環境で、あらゆる種類の能力をもつ学生を手助けします。ときには、学習に関するスペシャリストの支援が学生の及第・落第を左右することさえあります。

学習に関するスペシャリストとチューターは、大学の教育・学習センターや、カウンセリング・センター、特別支援教育プログラムで働いています。

業界人からのアドバイス

デニース・ゾートマンは、アメリカ中西部のコミュニティ・カレッジで学習資源プログラムのコーディネーターを務めています。

「私が目にした中で最も重要なトレンドは、大学へ来る準備ができていない学生がいるということです。昨今の大学には、勉強をし

に戻ってくる成人も大勢いますし、発達上のニーズをもつ学生も増えています」とゾートマンは語っています。

この分野には社会問題も影響を及ぼします。例えば、「福祉から就労へ」という主旨の法律〔1996年8月に成立した個人責任及び就労機会調整法。福祉手当の受給条件を大幅に狭めるもの〕により、大勢の人が職業訓練や教育を受けざるをえなくなりました。しばらく学校から遠ざかっていた人は、大学で勉強を順調に進める方法を学ぶために、この種の特別な手助けが必要な場合が少なくありません。また、さまざまな軽度の障害のある学生も2年制・4年制の大学にどんどん入ってきています。その背景には、障害のある学生が中等後教育機関に通いやすいよう、最近の法律で支援や配慮が義務づけられたという事情があります。

この世界に入るには

学習に関するスペシャリストとして採用される最良の方法は、大学生のうちからチューターとして働くことだ、とゾートマンはアドバイスしています。チューターは大学生にはもってこいの仕事だそうです。何かの科目を勉強している人は、誰かに教えることによってその科目を習得しやすくなるということが、研究でわかっているからです。学習に関するスペシャリストとして働くには、最低でも学士号をもっていなければなりませんが、修士号のある人も少なくありません。また、チューター資格認定プログラムを修了することを考えてもいいかもしれません。

仕事で成功するには

それぞれ能力の違う学生を手助けすることになるので、柔軟性は大いに必要です。例えば、ある机では足し算の問題を教え、隣の机では微分方程式の解き方を教えるということもありうるのです。学習のしかたは十人十色なので、ゾートマンはなるべく多くの学習戦略を立てておくようアドバイスしています。

学習に関するスペシャリストは、優れた文章技術、特に明確な文章を書く技術をもっていた方がいいでしょう。そういった面で手助けを必要とする学生が多いからです。たとえあなたが数学のチューターであっても、多くの場合、文章を使えばさまざまな科目で学生を指導できます。学生の準備ができていないという問題は、コミュニティ・カレッジだけでなく4年制の教育機関にも影響を及ぼしています。そのため、そうした機関もやはり個別指導プログラムを実施している、とゾートマンは語っています。

　この分野で昇進と言うと、一般的には学習センターの副所長か所長になることを意味します。場合によっては、大学の教員になることもあるかもしれません。とても重要なこの仕事で本当の意味で成功するには、学生を「全人的に」手助けしなければなりません。つまり、学生の学習スタイルのほか、私生活・感情生活なども考慮する必要があるのです。

　同種の技能を使う職業には、以下のようなものがあります。
- 特別支援教育の教師
- 作業療法士
- 言語聴覚士

職　業

図書館職員

グロリア・マクスウェル（Gloria Maxwell）

基本情報

　図書館はすばらしい仕事場です。静かな場所ではありますが、することはいつだってたくさんあります。書籍や雑誌を読むこともできるし、テクノロジーを使って世界を探検することもできます。

　『職業展望ハンドブック』によれば、2000年には司書として働く人が14万9000人いて、大半は学校図書館や大学図書館で働いていたということです。それよりは少ないものの、政府機関や、病院、宗

教団体、さまざまな企業で働く司書もいました。給与の額はもっている資格によっても違うし、その図書館の規模・種類・場所によっても違います。ただ、一般的に言えば、年間給与額は2万5000ドル以下から約6万3000ドル以上までとなっていました。

　残念ながら、司書の仕事は低成長分野だと『職業展望ハンドブック』は述べています。その一因は、情報の目録作成・保管・検索に、コンピューター化されたシステムが多用されるようになっていることです。また、一般の人たちが自宅のコンピューターから図書館の調査資料にアクセスするようになったため、必要なレファレンスデスク要員が減ったという事情もあります。

　図書館で働くには、図書館学の修士号をもつレファレンス司書になる必要はありません。図書館技術者は、図書の貸し出しから、図書の修復、コンピューター・システムへの情報入力、請求書のまとめ、メディア機器の取り扱い、利用者の手助けに至るまで、何でも手がけます。小規模な図書館に勤めるなら、業務のほとんどをこなす覚悟をしておきましょう。都市の大規模な図書館に勤める場合は、仕事が専門化するかもしれません。

　2000年には、約10万9000人の図書館技術者が学校図書館・大学図書館・公立図書館・政府機関で働いていました。この仕事にはたいてい高卒の資格が必要ですが、一部の技術者の職には2年制大学の学位または学士号が必要です。また、最近のほかの多くの仕事と同じく、コンピューター技能は必須です。この職業の雇用は2000年から2010年までに平均――10〜20%――以上の伸びを示すと予想されていますが、図書館は不況の影響をもろにこうむったため、伸びがにぶる可能性もあります。給与は年間1万4000ドル弱から3万6000ドル以上となっており、最も高いのは大学図書館勤務、安いのは小学校・中学校・高校の図書館勤務です。

　最近では、司書の職場は図書館だけではなくなりました。企業でデータを整理したり、データベースやレファレンスツール〔調べものをするための手段・道具〕を作成したり、組織の情報システムに

ついてコンサルティングを行ったりもしているのです。

業界人からのアドバイス

司書であるグロリア・マクスウェルがこの分野で目にした最大の変化は、一語にまとめることができます。テクノロジーです。マクスウェルはこう振り返っています。「図書館が初めてテクノロジーを取り入れはじめた頃は、私たちも半信半疑だった気がするんです。でも、司書はテクノロジーを理解しなければなりません。でなければ、置いてけぼりにされてしまいます」。

まさにそのテクノロジーが、情報の自由をめぐる新たな——時には激しい——議論を巻き起こしました。司書にとって情報へのアクセスはきわめて重要ですが、図書館でのインターネット・サービスの提供は時にジレンマを引き起こします。「司書はこれまでずっと情報の自由を支持してきました。司書が本を選ぶ時、それはひとつの選択です。でも、インターネットは選択されていないありとあらゆる種類の情報を図書館にもたらすわけです。ただ、公立図書館はやはり情報をふるい分けたくはないんです」とマクスウェルは話しています。

最近の司書の重要な仕事のひとつに、質のいい情報と悪い情報、つまり信頼できる情報とできない情報の判別法を利用者に教えるということがあります。図書館の中でもこのポストは、柔軟性のほか優れたコミュニケーション能力も必要とします。だからレファレンス司書になりたいなら、コミュニケーション能力を伸ばしましょう。教えたり実演したりすることは、司書の日課の重要部分なのです。

数を数えるのが好きで、ひとりで働く時間がもっとほしいという人には、図書館の目録作成や索引作成の部門で働くことをマクスウェルは勧めています。細かい仕事が好きな人は、図書の目録・索引作成作業に使われるルールや指針が気に入るだろう、とマクスウェルは話しています。

図書館職員

第7章 自閉症スペクトラムの人に最適の仕事

この世界に入るには

　自分が図書館の仕事を気に入るかどうかを知る一番の方法は、実際に図書館で働いてみることだ、とマクスウェルはアドバイスしています。図書館技術者として働いたり、いま通っている高校で本を棚に並べたりしてみてください。貸し出しカウンターの仕事をするのもいいでしょう。そうすれば、図書館の仕事の好きな部分と嫌いな部分が、早いうちによくわかってくるはずです。

　そのうえで図書館の仕事がしたいと思い、レファレンス司書として働きたいなら、図書館学の修士号を取らなければなりません。マクスウェルによれば、科学が好きな人はとても有利だということです。理系の司書が不足しているのだそうです。

　マクスウェルが勧めるのは、自分の興味のある分野で学士号を取り、その後、図書館学で修士号を取ることです。図書館学で学士号を取っても、目的の職には就けないでしょう。

　従来の図書館の仕事以外の職にも目を向けてみましょう。情報検索代行業者や、民間企業、コンサルティング会社などです。これらの組織では、あなたのもつ調査能力や管理能力、コンピューター・データベースの知識が大いに必要とされているのです。

仕事で成功するには

　この分野では経験がものを言います。いくら静かとは言え、図書館は忙しい職場であり、さまざまな仕事をこなせる柔軟で信頼できる職員が必要なのです。もし４年制大学の図書館で働きたいなら、自分の興味分野を専門にできるよう、ダブル修士号を取ることをマクスウェルは勧めています。

　小規模な図書館で働くなら——職員の求人の多くは小規模な図書館に集中しています——できるだけ多くの作業をこなせなければなりません。ほとんどの人は大都市の図書館に勤めようとしますが、今後数年間、仕事の口があるのは小さな町や地方なのです。それに備えて、なるべく多様な経験をたくさん積んでおきましょう。

同種の技能を使う仕事には、以下のようなものがあります。

- ジャーナリスト（私は、自閉症スペクトラムらしき新聞・テレビのジャーナリストに何人も会ったことがあります。こうしたジャーナリストは、科学や教育や政治など専門的な分野で高い評判を得ていました）
- 会計士
- 財務・金融のスペシャリスト
- 穀物や鉄鋼などの市場をモニターする政府統計家

職　業
印刷業
センタ・シスネロス（Senta Cisneros）

基本情報

アメリカ国内にある特にバラエティ豊かな産業を挙げるとすれば、印刷・出版業もそのひとつに数えられるでしょう。この業界では150万人のアメリカ人が働いていて、さまざまな仕事をしています。新聞を時間どおりに発行したり、リゾート地に絵ハガキを納品したり、メモ用紙をきれいに切り揃えたり、銀行小切手に正しい口座番号を印字したりするために汗を流しているのです。70％近くの人が、民間の印刷所または新聞社に勤めています。

印刷業は全米屈指の規模を誇る製造業ですが、大半の印刷会社は小規模で、従業員10人未満です。印刷業は地理的に広く分散していて、全米各地に印刷工場があります。

仕事が多種多様なので、この分野にはひとつの平均収入額というものがありません。この幅広い産業全体で見れば雇用増加率はやや下り坂ですが、デスクトップ・パブリッシング（ＤＴＰ）や、雑誌・機関誌の印刷といった特定の仕事は雇用が急増しています。

業界人からのアドバイス

　顧客サービス責任者のセンタ・シスネロスの場合、平日はあわただしく、締切りが山ほどあります。シスネロスは多くの人と話し合うほか、顧客から頼まれた印刷の仕事を予定どおりに完了・納品するため、必要なことは何でもします。印刷業はその性質上、締切りが多く、ストレスが大きい場合もあります。この業界はきわめて「顧客重視型」で、コンピューター技術を多用し、従業員はチームとして一緒に仕事をします。基本的に、印刷所の規模が小さければ小さいほど、従業員は多くの仕事をこなすよう求められるとシスネロスは語っています。

　しかし、印刷会社にはそこまで緊張を強いられないポストもあります。また、印刷所に付きものの締切りは守らなければならないとしても、そういったポストの従業員は顧客とじかに接する必要がないので、仕事中に感じるストレスは少なめかもしれません。そんなポストの例をいくつか挙げてみます。

> **印刷機のオペレーター**　さまざまな種類の印刷機の整備・保守・操作を行います。印刷機の種類により、職務は異なります。

> **コピー機のオペレーター**　複雑化の一途をたどるコピー機の操作・保守を行います。

> **グラフィックのスペシャリスト**　顧客から依頼された印刷の仕事のために、コンピューターを使ってグラフィック・デザインを行います。

> **製本機のオペレーター**　印刷済みの紙を顧客の注文どおり——書籍、雑誌、カタログ、フォルダー、包装など、多種多様な印刷製品の形——にまとめる機械を操作します。

この世界に入るには

　職種によっては、実地訓練だけでなく、ある程度の職業訓練を受けてこの分野に入る場合もある、とシスネロスは言います。たいていは高卒の資格と、優れた数学の能力、そして口頭・文字でのしっ

かりしたコミュニケーション能力があった方がいいでしょう。コンピューター技能も必須だし、勤務を続けながらさらにテクノロジーを勉強する意志もぜひ必要です。態度は非常に重要であり、強い勤労意欲も大切です。柔軟性と、協力の意志が必要な世界です。

仕事で成功するには

印刷業はテクノロジーを多用するので、そこで働く人は変化を十分に把握していなければなりません。「知識が多いほど、この世界で貴重な人材になるんです」とシスネロスは語っています。できることが多ければ多いほど、重宝がられるのです。さらに、シスネロスはこう言っています。「この世界で特に大切なのは、変化と訓練と態度です」。

必要条件が似ている仕事には、以下のようなものがあります。
- 製本作業員
- グラフィック・デザイナー
- 広告販売員

職 業

生物学・医学分野の研究科学者

ロン・ジェンキンズ（Ron Jenkins）

基本情報

ウェブ上の『職業展望ハンドブック』で「科学者」という職業分類を入力すると、たくさんのカテゴリーが出てきます。あなたの興味の対象が何だろうと、それを研究している科学者が明らかにどこかにいるということです。

それこそがこの職業の魅力です。興味をそそる科学的なアイディアや問題や疑問を研究することに時間をつぎ込めるとなれば、それだけでも幸運というものです。しかし、短所もあります。分野によっては、研究科学者のポストは競争が激しい場合もあるのです。

だから、まずチャンスがどのくらいあるかを図書館で調べ、その後、目的の分野で働いている人と話をした方がいいでしょう。

とはいえ、興味をそそる科学的な疑問や原理を研究できるなんて、これほどやりがいのあるおもしろい仕事はないでしょう。この項目では、「生物学者・医学者」という幅広いカテゴリーと、この職業の人たちが研究機関で行っている仕事を紹介します。2000年にはこの分野に従事する科学者が13万8000人いて、地方自治体・州政府・連邦政府のさまざまな機関のほか、製薬会社、バイオ技術関連の組織、病院、研究所・試験所、教育機関で働いていました。

『職業展望ハンドブック』によると、2000年の生物学者の平均年間給与額は4万9239ドルで、医学者は5万7196ドルだったとのことです。このカテゴリーの雇用は2000年から2010年までに全職業の平均より急速に増加すると予想されていますが、博士号保有者は競争が厳しいでしょう。生物学の学士号か修士号の保有者は、当該分野の知識があるため、販売やマーケティングや経営の職種で科学関連の仕事を探す方が楽そうです。

業界人からのアドバイス

生化学者のロン・ジェンキンズは、自分の興味に従って健康というテーマを追求し、アメリカ農務省で遺伝子組み換え穀物を研究する仕事に就きました。ジェンキンズの話を聞いてみましょう。

「1970年代後半、国民の健康への意識が高まっていったんです。『自然な』食べものを食べたり、添加物や保存料を含む食べものを避けたりして。私は食品のラベルを読みましたが、そういったものの名前を発音することができませんでした。こういう『化学物質』が食べものに入れられている理由がわかったらすごいなと思ったし、こういうものが人間の健康に悪影響を及ぼすのかどうか、疑問をもちました。着色料の赤色2号は〔アメリカの〕市場から撤去され、ニトロソアミンは発ガン性が高いと見なされました。そこで私は、フロリダ大学で『栄養学』の学位を取ろうと決めたんです。

栄養学の理学士号を取った後は、郡の衛生検査官として働いていました。この職にはやりがいも責任もあったんですが、私が本当にやりたかったのは、研究所で働いて病気のプロセスを理解することでした。栄養学の理学士号だけでなく、もっと教育が必要だろうということはわかっていました。それで、ゆくゆくは大学院へ行き生化学の博士号を取るつもりで、化学の理学士号を取得したんです。

大学院生の時と博士研究員の時、私はガン・免疫学・毒物学・関連疾患という多様な分野で人間の病気のプロセスを理解するために、分子生物学のアプローチを使いました。『ポリメラーゼ連鎖反応』という手法を学んで、研究プロジェクトのいくつかに使ったんです。アメリカ農務省は、穀物——トウモロコシやオイルシード〔油が採れる種子の総称〕など——の中に遺伝子を組み換えられた種類があるかどうか、その検知方法を開発する一助として私のような経歴の人間を必要としていたんです。いま私が行っているのは、そういう研究です」。

キャリアというのは、必ずしもまっすぐな道をたどるとは限らないし、明瞭なわかりやすい道をたどるとも限りません。だから、自分の技能や能力をほかの仕事にどう転用できるかを知ることが大事です。ジェンキンズの場合、人間の病気の研究に「ポリメラーゼ連鎖反応」（ＰＣＲ）の手法を使っていたことが、アメリカ農務省で働く道を開きました。農務省が遺伝子組み換え作物の研究にＰＣＲの手法を使いたいと思っていたからです。

この世界に入るには

科学について豊富な知識が必要です。大学院の学位があった方がいいでしょう。さらに、優れたコンピューター技能とコミュニケーション能力ももっていなければならない、とジェンキンズは語っています。

この業界では、科学関係の問題はもちろん、科学とは無関係の問題も解決しなければなりません。優れた科学者になるだけでなく、

駆け引きもうまくなければならないのです。科学の道に入る人には、忍耐力と、粘り強さ、そして目標達成を目指す姿勢が必要です。集中力を失わず、一生懸命に努力し、がんばり通せる人にとっては、非常にやりがいのある職業になる可能性があります。

仕事で成功するには

　この職業では、チームで働くだけでなく、ひとりでも働けなければなりません。民間企業で働きたいなら、優れた実務能力があること、そして規制問題を理解していることを証明する必要があります。辺鄙（へんぴ）な土地で研究を行うことになるなら、体力も求められます。

　研究科学者はたいてい、博士研究員の仕事に就き、研究所で貴重な経験を得ることができます。この職が定職につながる場合もあります。

　昇給についてはどうかと言うと、連邦政府は各ポストの昇給額の上限を検討するスペシャリストを雇っている、とジェンキンズは述べています。一般的に、学位が高ければ高いほど、昇給額の上限も高まります。

職　業

通訳／翻訳

グロリア・ドノヒュー=リトル（Gloria Donohue-Little）

基本情報

　地図を見るのは好きですか？　国の首都や都市の人口を暗記することが、お気に入りの娯楽ですか？　こういった質問にイエスと答えられる人は、翻訳者や通訳者になることを考えてみましょう。

　世界は開かれつつあり、外国旅行や国際ビジネスはほんの10年前と比べてもはるかにやりやすくなっています。数年前にはほぼ無関係だった国々や人々の間に、テクノロジーが橋をかけているのです。

　世界経済がますますグローバルで国際的になるにつれ、文書を翻

訳できる人材や、会議などのイベントで通訳ができる人材の需要は高まっています。企業は国境を越え、オフィスや工場を世界各国に構えています。

アメリカに2万人以上いる翻訳者と通訳者は、私たちが互いをよく理解できるようにするという、とても大切な仕事を担っています。英語を話さない患者が適切な医療を受けられるようにしたり、企業と、そこへ製品を供給する多国籍メーカーの両者が契約内容を理解できるようにしたり、アメリカに来たばかりの移民が書類を正しく記入できるようにしたりするのです。規模としては小さいながらも、多国籍化が進むこの世界ではとても重要な分野です。だからこそ『職業展望ハンドブック』は、翻訳と通訳を平均的な職業より雇用増加率の高い職業に挙げているのです。

業界人からのアドバイス

グロリア・J・ドノヒュー=リトルはこの分野で40年の経験をもち、12年前に翻訳会社を立ち上げました。ボリビアのラパス出身のドノヒュー=リトルは、周囲で話されるさまざまな言語すべてに興味をもちながら育ちました。

ドノヒュー=リトルの翻訳会社は、あらゆる種類の文書を外国語や英語に翻訳します。翻訳の分野でドノヒュー=リトルが目にした最大の変化は、顧客同士が多様な方法でコミュニケーションをとれるようになったことです。速達郵便からファクスへ、そしてインターネットやソフトウェア・プログラムへと、通信は様変わりし、ここ数年で多くの手段が登場しました。こうした高速の通信手段は、翻訳者と通訳者にさらに厳しいスケジュールを強います。

バイリンガルであることと翻訳者であることには大きな違いがある、とドノヒュー=リトルは指摘します。「私の会社の翻訳者の大半は、年に1回か2回、自分が専門とする国へ行くんです。その文化に浸り、最新情報から取り残されないようにするためです。こうやって旅行することで、優れた翻訳をするのに欠かせない文化的

ニュアンスが身につきやすくなるんですよ」とドノヒュー=リトルは説明しています。

この世界に入るには

翻訳者または通訳者として仕事を始めるには、まず異文化や異言語に対する情熱をもつことです。たったひとつの言語に深い興味をもつだけでも、この魅力的な職業に就く一助になるでしょう。「その言語のエキスパートになってください」とドノヒュー=リトルは語っています。

大学で訓練を受けるとともに、自分が手がける言語の変化についていくようにしてください。言語は、その国や文化とともに変化したり発展したりするものです。有能な翻訳者になるには、一緒についていかなければなりません。

手がける言語で修士号を取るのも有益でしょうが、ドノヒュー=リトルは現役を引退した専門職者——科学者、医師、エンジニア、弁護士——にも仕事を依頼します。それは言語の能力だけでなく、特定分野の専門知識ももっているからです。

仕事で成功するには

ドノヒュー=リトルの翻訳会社の仕事をしているのは主に自営業者ですが、翻訳者の中には企業や組織に属する人もいます。しかし、過半数は複数の顧客をもつ自営業者です。ドノヒュー=リトルが勧めるのは、自分の能力や技能を証明する一手段として、米国翻訳者協会（American Translators Association）の認定を受けることです。この分野では、細部によく気をつけることと、言語・文化の変化を見逃さないことが必要です。

同種の技能を使う仕事には、以下のようなものがあります。

- ツアーガイド
- 編集者
- 雑誌記者

職　業

獣医助手とベテリナリー・テクニシャン

ジェイン・ジェフリーズ（Jane Jeffries）

基本情報

　私は生まれてこのかた、ずっと動物に特別な愛情を抱いてきました。４Ｈクラブの品評会で馬を見せたり、おばの牧場で家畜の世話をしたりして、子どもの頃からよく動物と一緒に過ごしました。私の動物への愛情が特殊なものだとは思いません。私たち自閉症スペクトラムの人間の多くは、動物たちの流儀になじめると思います。だからこそ、ベテリナリー・テクニシャンや獣医助手は、私たちの多くにとってすばらしい仕事なのです。

　獣医助手は、診療所で治療している動物の基本的な世話を担当します。食事や水を与えたり、入浴させたり、運動させたりすることが日課です。また、檻の掃除・修理・消毒もするし、動物と遊んであげたりもします。

　2000年には14万5000人が動物の世話に従事し、その大部分は動物の預かり所や診療所、動物病院、畜舎、保護施設で働いていました。あいにく、給与はあまりよくありません。『職業展望ハンドブック』によれば、2000年の時給は5.75ドルから12.70ドルだったということです。

　ベテリナリー・テクニシャンは医療において獣医を補佐します。包帯を巻いたり、歯をきれいにしたり、静脈内カテーテルを設置したり、麻酔をモニターしたりするのです。そのほかに日課として、検体検査や、ワクチンの準備、採血、機器の保守など、いろいろな作業があります。

　テクニシャンの雇用も獣医助手の雇用も、2000年から2010年までに全職業の平均より急速に――21〜35％――増加しそうです。『職業展望ハンドブック』には、獣医助手の給与額は載っていませんでした。

第７章　自閉症スペクトラムの人に最適の仕事

業界人からのアドバイス

ジェイン・ジェフリーズはアメリカ中西部で小規模な動物診療所を営んでいます。この種の仕事をするには、動物好きでなければならないのはもちろん、動物を連れてくる人間にも好意をもたなければならない、とジェフリーズは言います。好奇心も、もっていて損にはなりません。「医学って少し探偵の仕事に似ているんです。いつも初めて知ることや刺激的なことがあるんですよ」とジェフリーズは話しています。

動物の世話はやりがいのある仕事ですが、精神的にも肉体的にもつらい場合があります。病気の動物と接すれば精神的な浮き沈みに襲われる場合もあるでしょうが、それにきちんと対処できなければなりません。苦しんでいる動物、死にゆく動物の世話をするつらさへの対処法を、何か編み出しておきましょう。

この世界に入るには

まず、早いうちから自宅で動物を飼いましょう。さまざまな動物のそばで育つことほど、世話のしかたを覚えるのにいい方法はありません。経験はとても貴重です。動物診療所か動物病院で働きましょう。ボランティアという手もある、とジェフリーズは提案しています。そういった実地の経験をしましょう。

「大学生になる前に、自分の選択をはっきりさせておきましょう」とジェフリーズはアドバイスしています。これが自分の進む道だと確信したら、大学の学部課程で必要な科目を取りましょう。その後、ベテリナリー・テクニシャンの課程に申し込みます。この課程はたいていコミュニティ・カレッジで提供されています。

仕事で成功するには

この分野での昇進は、雇用主のタイプによって違ってきます。動物の保護施設で世話をしている人は、訓練プログラムやワークショップに参加するのもいいでしょう。

動物診療所や動物病院はあまり規模が大きくない場合が多いので、得てして昇進の機会は少なく、せいぜい事務長を目指せるくらいのものです。事務長になるには、経験を積み、教育を受け、仕事で技能を証明していることが条件となります。

　同種の技能を使う仕事には、以下のようなものがあります。

- 医師
- カイロプラクター
- 足専門医
- 研究科学者

付　録

自閉症またはアスペルガー症候群を、どんな場合に雇用主に表明するか

　軽度のアスペルガー症候群で、話し言葉に明らかな遅れがない人は、技術系——エンジニアリング、コンピューター・プログラミング、科学研究、エレクトロニクスなど——の仕事に応募する際、もっぱら才能を売り込むことだけを考えた方がいいでしょう。技術系の企業は未診断のアスペルガー症候群の人を雇うことがよくあります。あなたもその企業にうまくなじめるでしょう。「コンピューターおたく」とアスペルガー症候群の間には、はっきりした境界線などありません。それは連続体であり、程度の問題なのです。
　作業スペースの蛍光灯を取り外す必要があるなら、蛍光灯をつけていると頭が痛くなると言えばいいのです。静かな場所が必要なら、あたりが騒がしいと集中できないと言う方法もあります。
　でも、特別支援教育の仕事に就くのなら、自閉症またはアスペルガー症候群の診断を受けたことを表明した方が有利かもしれません。この分野で働く人たちはあなたの洞察を重んじてくれるでしょう。
　もっと重い症状がある高機能自閉症の人は、自閉症であることを雇用主に表明する必要があるでしょう。そういう人は自分の強みや弱みが何かをはっきり伝えなければなりません。忙しい受付の仕事は、マルチタスクが必要になるため、難しいでしょう。自閉症について雇用主と話し合う時は、自分の強みを強調し、自分の才能によってどんな貢献ができるかを主張してください。

障害を表明するとしたら、いつするか

雇用主に表明するとしたら、いつすればいいのでしょう？ この重要な問いにはひとつの正しい答えがあるわけではありません。表明するのであれば、その情報は法律によって秘匿されなければならないことになっています。

「障害のあるアメリカ人法」に基づく自分の権利について雇用主と争えば、解決できるより多くの問題が発生するでしょう。法的手段は最後に頼るべきものです。雇用主と泥沼の訴訟を戦えば、トラブルメーカーというレッテルを貼られてしまうかもしれません。確かに、訴訟が正当と見なされる場合もあります。例えば、あなたが高い業績評価を得ているのに、あなたの上司がその上司に「あの人は仕事ができない」と嘘をつき、解雇されてしまったような場合です。戦う方を選ぶ場合に忘れないでほしいのは、たとえあなたが雇用主との戦いに勝ったとしても、ほかの人はあなたを雇うのにしり込みするだろうということです。結局、訴訟かキャリアかという選択を迫られるでしょう。

アメリカ雇用機会均等委員会
「障害のあるアメリカ人法」に関する事実

「1990年制定の障害のあるアメリカ人法」——1992年7月26日発効——の第1章では、民間の雇用主や州政府・地方自治体、雇用斡旋機関、労働組合に対し、仕事への応募手続き、採用、解雇、昇進、報酬、仕事の研修、その他の雇用の規約・条件・特典の面で、障害のある適格者を差別することを禁じています。障害のある人とは、
・生活上の主要な活動をひとつ以上、大きく制限する身体的または精神的障害のある人。または、

・そのような障害の履歴のある人。または、
・そのような障害があると見なされる人

です。

　障害のある適格な被雇用者または応募者というのは、合理的な配慮がなされてもなされなくても、当該の仕事の本質的な職務を果たせる人のことです。合理的な配慮としては、以下のような措置が――これらに限りませんが――ありえます。

・被雇用者が使っている既存の施設に、障害のある人が容易に行くことができ、容易に使えるようにすること。
・仕事内容の再編成、勤務スケジュールの変更、空きポストへの異動。
・機器・装置の導入または改造、試験・研修教材・方針の調節または改変、有資格の朗読者または通訳者の提供。

　雇用主は、事業運営に「過度な困難」を来しそうにない限り、適格な応募者または被雇用者の既知の障害に配慮を行わなければなりません。過度な困難というのは、雇用主の規模や財源、事業運営の性質・構造といった要因に照らして考慮した時、多大な困難または費用を要する行為と定義されます。

　雇用主は、配慮を行うために品質基準や生産基準を落とすことは要求されません。また、眼鏡や補聴器など、個人的に使用される器具を提供する義務もありません。

医学的検査と質問

　雇用主は仕事の応募者に、障害の有無や性質や程度について尋ねてはなりません。具体的な職務を果たせるかどうかについては、応募者に尋ねてもかまいません。医学的検査の結果を採用条件にするのはかまいませんが、それは医学的検査が同種の職に就くすべての人に義務づけられている場合に限ります。被雇用者の医学的検査は、その職に関連があり、雇用主の事業上の必要性と一致するものでなければなりません。

薬物・アルコールの乱用

　現在、薬物を不法に使用している被雇用者や応募者に対しては、雇用主がそのような使用を理由に措置を講じても「障害のあるアメリカ人法」は適用されません。違法薬物の検査は、「障害のあるアメリカ人法」

の医学的検査に関する制約には縛られません。雇用主は、違法薬物の使用者やアルコール依存症者に、ほかの被雇用者と同じ業績基準を適用してかまいません。

雇用機会均等委員会による「障害のあるアメリカ人法」の実施

アメリカ雇用機会均等委員会は1991年7月26日、「障害のあるアメリカ人法」の第1章の規定を実施する法規を発布しました。この規定は最初、1992年7月26日に発効し、25人以上の被雇用者を抱える雇用主に適用されました。1994年7月26日、被雇用者の人数の条件が変わり、15人以上となりました。

ADA（障害のあるアメリカ人法）

ADAとはAmericans With Disabilities Actの略称で、1990年に米国で制定された「障害のあるアメリカ人法」のことを意味します。その目的は、(1) 障害者に対する差別をなくすための明確かつ包括的な国家的命令を設けること、(2) 障害者に対する差別に対処する明確で強力な一貫性のある施行可能な基準を設けること、(3) 本法律で定められた基準を障害者のために施行することについて、連邦政府が中心的な役割を果たすことを保証すること。そして、(4) 障害者が日々直面する主要な差別の分野に対処するため、憲法修正第14条を施行し通商を規制する権限を含む、議会の権限を総動員すること、となっています。

具体的には、障害があるからといって公共の施設やレストランなどにおける入場ができないようにしない、就労においても障害があるからといって差別してはいけない、また障害があるから仕事ができないような状況があれば、それを改善しなければならないなどの文言が盛り込まれています。

仕事についてのヒント

仕事探しの際には以下のヒントを心に留めておいてください。

» 取り組むプロジェクトに、明確な目標や到達点をもたせるようにしてください。例えば、**電気棒を使わずに1時間に100頭の牛を扱えるシステムを設計する**とか、人が早口で話しても正確に音声を認識できるようにコンピューターをプログラミングするなどです。自閉症スペクトラムの人にプロジェクトを任せる時、まずいやり方は、「きみの仕事は牛を扱う新しいシステムを構築することだ」とか、「新しいコンピューター・プログラムを開発することだ」などと言うことです。このような指示はあまりにも漠然としています。設計作業のやり方やプログラムの書き方はあなたが決めることですが、上司はその施設やプログラムがもつべき機能を明示しなければなりません。プロジェクトによってもたらしたい成果は、具体的でなければならないのです。

» 性格ではなく、仕事ぶりを売り込みましょう。可能な場合には必ず、自分の能力を見せるために作品集を作ってください。ほかの人が求めるような分野の技能を伸ばしましょう。

» 重要な顧客との面会など、複雑な社会的場面へあなたを急に放り込まないよう、同僚、そして特に上司たちには社交面での弱みを知らせておきましょう。自閉症という診断を表明するのが不適当だと思う場合は、自分は根っからの「技術屋」だから、コンピューターに向かっている時に最良の仕事ができるのだとか、技術系以外の仕事が多すぎると苛立ったり欲求不満になったりするのだなどと上司に言いましょう。

仕事探しでも、実際の仕事においても、知識は力です。自分が知っていることをほかの人にも知らせ、理解できないことがある時は必ず質問しましょう。

日本における就労支援の相談機関

地域障害者職業センター

　障害者職業センターは「障害者の雇用の促進等に関する法律」に基づき、仕事を求める障害者に対し、様々なリハビリテーションサービスを行う機関です。

　具体的には、職業相談、職業評価、職業指導、職業準備支援（職業センター内における作業支援と職業に関する知識の伝達および社会生活技能訓練など）、ＯＡ講習（視覚障害者を対象にワープロ、表計算ソフト習得のための講習）、知的障害者判定および重度知的障害者判定（障害者雇用率制度および雇用納付金制度における判定）、ジョブコーチ（職場適応援助者）による支援、精神障害者総合雇用支援（雇用促進・職場復帰・雇用継続のための支援）などを行っています。

　各県に１カ所（東京、大阪、愛知、北海道、福岡には支所も）設置されており、ハローワーク等の関係機関と連携しながら、就労支援サービスを行っています。

　アスペルガー症候群等の発達障害者に対しては、雇用促進等に関する法律に該当する３障害には含まれていませんが、人によっては精神障害者保健福祉手帳を取得し、精神障害者としてのサービスを受ける人もいます。

地域障害者職業センター　　　　　　　　　　　　　　　　　　　　　（2008年3月現在）

都道府県	名称	TEL
	所在地	
北海道	北海道障害者職業センター	011-747-8231
	〒001-0024 札幌市北区北24条西5丁目1-1 札幌サンプラザ5F	
北海道	北海道障害者職業センター　旭川支所	0166-26-8231
	〒070-0034 旭川市四条通8丁目右1号ツジビル5F	
青森県	青森障害者職業センター	017-774-7123
	〒030-0845 青森市緑2-17-2	
岩手県	岩手障害者職業センター	019-646-4117
	〒020-0133 盛岡市青山4-12-30	
宮城県	宮城障害者職業センター	022-257-5601
	〒983-0836 仙台市宮城野区幸町4-6-1	
秋田県	秋田障害者職業センター	018-864-3608
	〒010-0944 秋田市川尻若葉町4-48	
山形県	山形障害者職業センター	023-624-2102
	〒990-0021 山形市小白川町2-3-68	
福島県	福島障害者職業センター	024-522-2230
	〒960-8135 福島市腰浜町23-28	
茨城県	茨城障害者職業センター	0296-77-7373
	〒309-1703 笠間市鯉淵6528-66	
栃木県	栃木障害者職業センター	028-637-3216
	〒320-0865 宇都宮市睦町3-8	
群馬県	群馬障害者職業センター	027-290-2540
	〒379-2154 前橋市天川大島町130-1	
埼玉県	埼玉障害者職業センター	048-854-3222
	〒338-0825 さいたま市桜区下大久保136-1	
千葉県	千葉障害者職業センター	043-204-2080
	〒261-0001 千葉市美浜区幸町1-1-3	

地域障害者職業センター

都道府県	名称	TEL
	所在地	
東京都	東京障害者職業センター	03-6673-3938
	〒110-0015 台東区東上野 4-27-3 上野トーセイビル 3 F	
東京都	東京障害者職業センター　多摩支所	042-529-3341
	〒190-0012 立川市曙町 2-38-5 立川ビジネスセンタービル 5 F	
神奈川県	神奈川障害者職業センター	042-745-3131
	〒228-0815 相模原市桜台 13-1	
新潟県	新潟障害者職業センター	025-271-0333
	〒950-0067 新潟市東区大山 2-13-1	
富山県	富山障害者職業センター	076-413-5515
	〒930-0004 富山市桜橋通り 1-18 住友生命富山ビル 7 F	
石川県	石川障害者職業センター	076-225-5011
	〒920-0856 金沢市昭和町 16-1 ヴィサージュ 1 F	
福井県	福井障害者職業センター	0776-25-3685
	〒910-0026 福井市光陽 2-3-32	
山梨県	山梨障害者職業センター	055-232-7069
	〒400-0864 甲府市湯田 2-17-14	
長野県	長野障害者職業センター	026-227-9774
	〒380-0935 長野市中御所 3-2-4	
岐阜県	岐阜障害者職業センター	058-231-1222
	〒502-0933 岐阜市日光町 6-30	
静岡県	静岡障害者職業センター	054-652-3322
	〒420-0851 静岡市葵区黒金町 59-6 大同生命静岡ビル 7 F	
愛知県	愛知障害者職業センター	052-452-3541
	〒453-0015 名古屋市中村区椿町 1-16 井門名古屋ビル 2 F	
愛知県	愛知障害者職業センター　豊橋支所	0532-56-3861
	〒440-0888 豊橋市駅前大通り 1-27 三菱ＵＦＪ証券豊橋ビル 6 F	

地域障害者職業センター

都道府県	名称	TEL
	所在地	
三重県	三重障害者職業センター	059-224-4726
	〒514-0002 津市島崎町 327-1	
滋賀県	滋賀障害者職業センター	077-564-1641
	〒525-0027 草津市野村 2-20-5	
京都府	京都障害者職業センター	075-341-2666
	〒600-8235 京都市下京区西洞院通塩小路下る東油小路町 803	
大阪府	大阪障害者職業センター	06-6261-7005
	〒541-0056 大阪市中央区久太郎町 2-4-11 クラボウアネックスビル 4 F	
大阪府	大阪障害者職業センター　南大阪支所	072-258-7137
	〒591-8025 堺市北区長曽根町 130-23 堺商工会議所会館 5 F	
兵庫県	兵庫障害者職業センター	078-881-6776
	〒657-0833 神戸市灘区大内通 5-2-2	
奈良県	奈良障害者職業センター	0742-34-5335
	〒630-8014 奈良市四条大路 4-2-4	
和歌山県	和歌山障害者職業センター	073-472-3233
	〒640-8323 和歌山市太田 130-3	
鳥取県	鳥取障害者職業センター	0857-22-0260
	〒680-0842 鳥取市吉方 189	
島根県	島根障害者職業センター	0852-21-0900
	〒690-0877 松江市春日町 532	
岡山県	岡山障害者職業センター	086-243-6955
	〒700-0952 岡山市平田 407 県立総合社会福祉センター構内	
広島県	広島障害者職業センター	082-263-7080
	〒732-0052 広島市東区光町 2-15-55 広島市児童総合相談センター 2 F	
山口県	山口障害者職業センター	0835-21-0520
	〒747-0803 防府市岡村町 3-1	

地域障害者職業センター

都道府県	名称	TEL
	所在地	
徳島県	徳島障害者職業センター	088-611-8111
	〒770-0823 徳島市出来島本町 1-5	
香川県	香川障害者職業センター	087-861-6868
	〒760-0055 高松市観光通 2-5-20	
愛媛県	愛媛障害者職業センター	089-921-1213
	〒790-0808 松山市若草町 7-2	
高知県	高知障害者職業センター	088-866-2111
	〒781-5102 高知市大津甲 770-3	
福岡県	福岡障害者職業センター	092-752-5801
	〒810-0042 福岡市中央区赤坂 1-6-19 ワークプラザ赤坂 5 F	
福岡県	福岡障害者職業センター　北九州支所	093-941-8521
	〒802-0066 北九州市小倉北区萩崎町 1-27	
佐賀県	佐賀障害者職業センター	0952-24-8030
	〒840-0851 佐賀市天祐 1-8-5	
長崎県	長崎障害者職業センター	095-844-3431
	〒852-8104 長崎市茂里町 3-26	
熊本県	熊本障害者職業センター	096-371-8333
	〒862-0971 熊本市大江 6-1-38	
大分県	大分障害者職業センター	0977-25-9035
	〒874-0905 別府市上野口町 3088-170	
宮崎県	宮崎障害者職業センター	0985-26-5226
	〒880-0014 宮崎市鶴島 2-14-17	
鹿児島県	鹿児島障害者職業センター	099-257-9240
	〒890-0063 鹿児島市鴨池 2-30-10	
沖縄県	沖縄障害者職業センター	098-861-1254
	〒900-0006 那覇市おもろまち 1-3-25 沖縄職業総合庁舎 5 F	

発達障害者支援センター

「発達障害者支援法」に基づき、LD、ADHD、自閉症およびアスペルガー症候群等の発達障害のある人に対する様々な相談を行っている機関です。小さいお子さんから成人まで、ライフステージに応じた支援を行っています。スタッフは臨床心理士などの心理の専門家だけではなく、就労や福祉の専門家などを配置しているセンターも数多くあります。

事業内容は大きく、相談支援、発達支援、就労支援、普及啓発および研修などであり、相談支援としては、学校や職場、家庭での日常生活（行動や身辺のこと、コミュニケーションなど）について、それぞれの課題解決に向けたサポートを提供し、必要に応じて関係機関への紹介などを行っています。

発達支援では、家庭だけではなく幼稚園や学校などの関係機関における本人とのかかわり方について、それぞれのニーズやその状況、ライフステージに応じたプログラムのアドバイスを行っています。

就労支援では、働きたい、現在働いているけれどうまく職場に適応できていないなどの悩みを抱えている発達障害者が近年増加してきており、働くための準備や働きやすい職場づくりの援助を行っています。

普及啓発および研修では、発達障害の専門家などによる講演会などを実施し、広く一般の人たちに対して発達障害者の理解を深めてもらえるようなサービスを提供しています。

発達障害者支援センター　　　　　　　　　　　　　　　　　　　　　　　（2008年3月現在）

都道府県	名称	TEL
	所在地	
北海道	北海道発達障害者支援センター「あおいそら」	0138-46-0851
	〒041-0802 函館市石川町90-7	
北海道	北海道発達障害者支援道東地域センター「きら星」	0155-38-8751
	〒080-2475 帯広市西25条南4丁目9番地	
北海道	北海道発達障害者支援道北地域センター「きたのまち」	0166-38-1001
	〒078-8329 旭川市宮前通東4155-30 旭川市障害者福祉センターおぴった1F	
札幌市	札幌市自閉症・発達障害支援センター	011-790-1616
	〒007-0820 札幌市東区東雁来町207	
青森県	青森県発達障害者支援センター「ステップ」	017-777-8201
	〒030-0822 青森市中央3-20-30 県民福祉プラザ3F	
秋田県	秋田県発達障害者支援センター「ふきのとう秋田」	018-823-7722
	〒010-0976 秋田市八橋南1-1-3	
岩手県	岩手県立療育センター相談支援部（岩手県発達障害者支援センター）	
	〒020-0401 盛岡市手代森6-10-6	019-601-2115
山形県	山形県発達障がい者支援センター	023-673-3314
	〒999-3145 上山市河崎3-7-1 総合療育訓練センター内	
宮城県	宮城県発達障害者支援センター「えくぼ」	022-376-5306
	〒981-3213 仙台市泉区南中山5-2-1	
仙台市	仙台市発達相談支援センター「アーチル」	022-375-0110
	〒981-3133 仙台市泉区泉中央2-24-1	
福島県	福島県発達障がい者支援センター	024-951-0352
	〒963-8041 郡山市富田町字上の台4-1 福島県総合療育センター南棟2F	
栃木県	栃木県発達障害者支援センター「ふぉーゆう」	028-623-6111
	〒320-8503 宇都宮市駒生町3337-1 とちぎリハビリテーションセンター内	
群馬県	群馬県発達障害者支援センター	027-254-5380
	〒371-0843 前橋市新前橋町13-12 社会福祉総合センター7F	

発達障害者支援センター

都道府県	名称	TEL
	所在地	
茨城県	茨城県発達障害者支援センター	029-219-1222
	〒311-3157 東茨城郡茨城町小幡北山2766-37	
埼玉県	埼玉県発達障害者支援センター「まほろば」	049-239-3553
	〒350-0813 川越市大字平塚新田字東河原201-2	
千葉県	千葉県発達障害者支援センター「CAS（キャス）」	043-227-8557
	〒260-0856 千葉市中央亥鼻2-9-3	
東京都	東京都発達障害者支援センター「トスカ」	03-3426-2318
	〒156-0055 世田谷区船橋1-30-9	
神奈川県	神奈川県発達障害者支援センター「かながわA（エース）」	0465-81-3717
	〒259-0157 足柄上郡中井町境218	
横浜市	横浜市発達障害者支援センター	045-290-8448
	〒221-0835 横浜市神奈川区鶴屋町3-35-8 タクエー横浜西口第2ビル7F	
新潟県	新潟県発達障がい者支援センター「RISE（ライズ）」	025-266-7033
	〒951-8121 新潟市水道町1-5932 新潟県はまぐみ小児療育センター2F	
石川県	石川県発達障害者支援センター「パース」	076-257-5551
	〒920-3123 金沢市福久東1-56 オフィスオーセド2F	
石川県	石川県発達障害支援センター	076-238-5557
	〒920-8201 金沢市鞍月東2-6 石川県こころの健康センター内	
富山県	富山県自閉症・発達障害支援センター「あおぞら」	076-438-8415
	〒931-8443 富山市下飯野36 富山県高志通園センター内	
富山県	富山県発達障害支援センター「ありそ」	076-436-7255
	〒930-0143 富山市西金屋字高山6682	
山梨県	山梨県発達障害者支援センター	055-254-8631
	〒400-8501 甲府市丸の内1-6-1	
長野県	長野県自閉症・発達障害支援センター	026-227-1810
	〒380-0928 長野市若里7-1-7 長野県精神保健福祉センター内	

発達障害者支援センター

都道府県	名称 / 所在地	TEL
静岡県	静岡県こども家庭相談センター総合支援部 〒422-8031 静岡市駿河区有明町2-20	054-286-9038
愛知県	あいち発達障害者支援センター 〒480-0392 春日井市神屋町713-8	0568-88-0849
名古屋市	名古屋市発達障害者支援センター「りんくす名古屋」 〒466-0827 名古屋市昭和区川名山町6-4 児童福祉センター内	052-832-6172
岐阜県	発達支援センター「のぞみ」 〒502-0854 岐阜市鷺山向井2563-57	058-233-5116
三重県	三重県自閉症・発達障害支援センター あすなろ学園 〒514-0818 津市城山1-12-3	059-234-6527
三重県	あさけ学園 〒510-1326 三重郡菰野町杉谷1573	0593-94-3412
三重県	れんげの里 〒519-2703 度会郡大宮町滝原1195-1	05988-6-3911
福井県	福井県発達障害児者支援センター「スクラム福井」 〒914-0144 敦賀市桜ヶ丘町8-6	0770-21-2346
滋賀県	滋賀県発達障害者支援センター「いぶき」 〒521-0016 米原市下多良2-47 平和堂米原店3F	0749-52-3974
京都府	こども発達支援センター「すてっぷセンター」 〒610-0331 京田辺市田辺茂ヶ谷186-1	0774-64-6141
京都市	京都市発達障害者支援センター「かがやき」 〒602-8144 京都市上京区丸太町通黒門町東入藁屋町536-1	075-841-0375
大阪府	大阪府発達障がい者支援センター「アクトおおさか」 〒532-0023 大阪市淀川区十三東3-18-12 イトウビル1F	06-6100-3003
大阪市	大阪市発達障害者支援センター「エルムおおさか」 〒547-0026 大阪市平野区喜連西6-2-55 大阪市立心身障害者リハビリテーションセンター2F	06-6797-6931

発達障害者支援センター

都道府県	名称	TEL
	所在地	
奈良県	奈良県発達障害支援センター「でぃあ〜」	0742-62-7746
	〒630-8424 奈良市古市町1-2 奈良仔鹿園内	
和歌山県	和歌山県発達障害者支援センター「ポラリス」	073-413-3200
	〒641-0044 和歌山市今福3-5-41 愛徳医療福祉センター内	
兵庫県	ひょうご発達障害者支援センター「クローバー」	0792-54-3601
	〒671-0122 高砂市北浜町北脇519	
岡山県	おかやま発達障害者支援センター	086-275-9277
	〒703-8555 岡山市祇園地先	
鳥取県	「エール」自閉症・発達障害支援センター	0858-22-7208
	〒682-0854 倉吉市みどり町3564-1 県立皆成学園内	
島根県	島根県東部発達障害者支援センター「ウィッシュ」	0853-43-2252
	〒699-0822 出雲市神西沖町2534-2	
島根県	島根県西部発達障害者支援センター「ウィンド」	0855-28-0208
	〒697-0005 浜田市上府町イ2589	
広島県	広島県発達障害者支援センター	082-497-0131
	〒739-0133 東広島市八本松町米満461 社会福祉法人つつじウィング内	
広島市	広島市発達障害者支援センター	082-568-7328
	〒732-0052 広島市東区光町2-15-55 広島市こども療育センター内	
山口県	山口県発達障害者支援センター	083-929-5012
	〒753-0302 山口市大字仁保中郷50番地	
香川県	香川県発達障害者支援センター「アルプスかがわ」	087-866-6001
	〒761-8057 高松市田村町1114 かがわ総合リハビリテーションセンター内	
愛媛県	愛媛県発達障害者支援センター	089-955-5532
	〒791-0212 東温市田窪2135 子ども療育センター1F	
徳島県	徳島県発達障害者支援センター	088-642-4000
	〒779-3124 徳島市国府町中360-1	

発達障害者支援センター

都道府県	名称	TEL
	所在地	
高知県	高知県立療育福祉センター発達支援部	088-844-1247
	〒 780-8081 高知市若草町 10-5	
福岡県	福岡県発達障害者支援センター「ゆう・もあ」	0947-46-9505
	〒 825-0004 田川市夏吉 4205-7	
福岡市	福岡市発達障がい者支援センター「ゆうゆうセンター」	092-845-0040
	〒 810-0065 福岡市中央区地行浜 2-1-6 福岡市発達教育センター内	
北九州市	北九州市発達障害者支援センター「つばさ」	093-922-5523
	〒 802-0803 北九州市小倉南区春ヶ丘 10-2 北九州市立総合療育センター内	
佐賀県	佐賀県発達障害者支援センター「結」	0942-81-5728
	〒 841-0073 鳥栖市江島町字西谷 3300-1	
長崎県	長崎県発達障害者支援センター「しおさい（潮彩）」	0957-22-1802
	〒 854-0071 諫早市永昌東町 24-3 長崎県こども医療福祉センター内	
熊本県	熊本県発達障害者支援センター	096-293-8189
	〒 869-1217 菊池郡大津町森 54-2	
大分県	大分県自閉症・発達障害支援センター「イコール」	097-586-8080
	〒 879-7304 大野郡犬飼町大寒 2149-1	
宮崎県	宮崎県中央発達障害者支援センター	0985-85-7660
	〒 880-1601 宮崎郡清武町大字木原 4257-7 ひまわり学園内	
宮崎県	宮崎県延岡発達障害者支援センター	0982-23-8560
	〒 889-0514 延岡市櫛津町 3427-4 ひかり学園内	
宮崎県	宮崎県都城発達障害者支援センター	0986-22-2633
	〒 885-0094 都城市都原町 7171 高千穂学園内	
鹿児島県	鹿児島県発達障害者支援センター	099-264-3720
	〒 891-0175 鹿児島市桜ヶ丘 6-12 児童総合相談センター内	
沖縄県	沖縄県発達障害者支援センター	098-972-5630
	〒 904-2205 うるま市栄野比 939	

若者サポートステーション

　若年無業者（15歳から34歳）に対して、成人期の自立、社会参加を促進するために全国に設立された機関です。2008年度までに77カ所が設置される予定です。

　とりわけ就労に対しては、「働く自信がない……」「自分が何をしたいのかわからない」「相談相手がいなくて……」という悩みをもった若者に対して相談や講座などを通じて精神的な側面と就労的な側面から支援を行っています。

　具体的には、働くことに対する自信や意欲が不足している若者に対して、実際に仕事をしている職業人の体験談などを聴く「職業講話」、職場や工場などの雰囲気を感じたり、実際の作業等を見学したり、体験し、働く意識を向上させるための「ワークショップおよび職場見学会」、共同作業を行うことによりコミュニケーション力を高めるための「体感事業」などを実施しています。

　また、就労経験のない若者には、短期間での就業体験事業や地域イベントの企画立案・運営、短期間の就労訓練行うことにより、自立支援プログラムの段階に応じた長期継続的な就労訓練を実施しているところもあります。

　さらに、そういった子どもをもつ保護者のための相談や意見交換なども提供しています。

　比較的新しい機関のため、サポートステーションによってそれぞれ特色が異なりますが、発達障害のあるニートの人たちの支援では、今後期待したい機関です。

若者サポートステーション　　　　　　　　　　　　　　　　　　　　（2008年3月現在）

都道府県	名称	TEL
	所在地	
北海道 札幌市	北海道若者サポートステーション	011-241-8439
	〒060-0054 札幌市中央区南4条東4丁目札幌市中央勤労青少年ホーム(レッツ中央)内	
青森県 青森市	青森県若者サポートステーション	017-735-1323
	〒030-0803 青森市安方1-1-40 青森県観光物産館アスパム3F ジョブカフェあおもり内	
岩手県 盛岡市	盛岡地域若者サポートステーション	019-625-8460
	〒020-0023 岩手県盛岡市内丸11-2 岩手県公会堂16号室	
宮城県 仙台市	せんだい若者サポートステーション	022-246-9685
	〒982-0001 仙台市太白区八本松1-12-12	
宮城県 大崎市	みやぎ北若者サポートステーション	0229-21-7022
	〒989-6162 大崎市古川駅前大通1-5-18 ふるさとプラザ1F	
山形県 酒田市	庄内地域若者サポートステーション	0234-23-1777
	〒998-0044 酒田市中町2-5-10 酒田産業会館1F 山形県若者就職支援センター庄内プラザ内	
福島県 福島市	ふくしま若者サポートステーション	024-563-6222
	〒960-8054 福島市三河北町3-16 東和ビル1F	
茨城県 水戸市	いばらき若者サポートステーション	029-259-6860
	〒319-0323 水戸市鯉淵町2125-1	
栃木県 宇都宮市	とちぎ若者サポートステーション	028-623-3223
	〒320-0027 宇都宮市塙田1-1-20 県庁南庁舎2号館1階ジョブカフェとちぎ内	
群馬県 前橋市	ぐんま若者サポートステーション	027-233-2330
	〒371-0022 前橋市千代田町2-1-5 前橋テルサ5F	
埼玉県 川口市	かわぐち若者サポートステーション	048-255-8680
	〒332-0015 川口市川口3-2-2 川口若者ゆめワーク3F	
千葉県 千葉市	ちば地域若者サポートステーション	043-351-5531
	〒261-0026 千葉市美浜区幕張西4-1-10 テクノピラミッド運営機構「ちば仕事プラザ」内	
東京都 立川市	たちかわ若者サポートステーション	042-529-3378
	〒190-0011 立川市高松町3-13-21 ウィング高松3F	

若者サポートステーション

都道府県	名称	TEL
	所在地	
東京都 三鷹市	みたか地域若者サポートステーション	0422-70-5067
	〒181-0013 三鷹市下連雀1-14-3	
東京都 足立区	あだち若者サポートステーション	03-3882-4307
	〒120-0034 足立区千住1-4-1 東京芸術センター8F	
神奈川県 横浜市	よこはま若者サポートステーション	045-290-7234
	〒220-0004 横浜市西区北幸2-1-22 ナガオカビル4F	
新潟県 三条市	三条地域若者サポートステーション	0256-32-3374
	〒955-0852 三条市南四日町1-15-8 三条市勤労青少年ホーム／ソレイユ三条内	
新潟県 新潟市	新潟地域若者サポートステーション	025-255-0099
	〒950-0901 新潟市中央区弁天2-2-18 新潟KSビル2F若者しごと館内	
富山県 富山市	富山県若者サポートステーション	076-445-1998
	〒930-0805 富山市湊入船町9-1 とやま自遊館2Fヤングジョブとやま内	
石川県 金沢市	いしかわ地域若者サポートステーション	076-235-3060
	〒920-0962 金沢市広坂2-1-1 石川県広坂庁舎1号館1Fジョブカフェ石川内	
福井県 福井市	ふくい若者サポートステーション	0776-21-0311
	〒910-0026 福井市光陽2-3-22 福井県社会福祉センター（ＮＰＯ ＳＥＬＰ内）	
山梨県 甲府市	山梨県若者サポートステーション	055-230-2239
	〒400-0811 甲府市川田町517 山梨県立青少年センターリバース和戸館1F	
長野県 塩尻市	しおじり若者サポートステーションＣＡＮ	0263-54-6155
	〒399-0738 塩尻市大門七番町5-15	
静岡県 三島市	みしま若者サポートステーション	055-972-4344
	〒411-0855 三島市本町9-3	
静岡県 静岡市	静岡地域若者サポートステーション	054-355-5101
	〒424-0823 静岡市清水区島崎町223 清水テルサ2F（東部勤労者福祉センター）内	
愛知県 蒲郡市	がまごおり若者サポートステーション	0533-67-3201
	〒443-0043 蒲郡市元町9-9	

若者サポートステーション

都道府県	名称	TEL
	所在地	
愛知県 名古屋市	なごや若者サポートステーション	052-700-2396
	〒462-0845 名古屋市北区柳原 3-6-8 名古屋市青少年交流プラザ内	
三重県 津市	若者就業サポートステーション・みえ	059-271-9333
	〒514-0004 津市羽所町 700 アスト津 3F	
滋賀県 大津市	滋賀県地域若者サポートステーション	077-521-0602 (月～水・金) 0749-24-1304 (木)
	〒520-0051 大津市梅林 1-3-10 滋賀ビル 5F	
京都府 京都市	京都若者サポートステーション	075-213-0116
	〒604-8147 京都市中京区東洞院通六角下ル京都市中京青少年活動センター内	
大阪府 泉佐野市	南大阪若者サポートステーション	072-464-0002
	〒598-0062 泉佐野市下瓦屋 222-1 泉佐野市立泉佐野人権文化センター 2F	
大阪府 大阪市	大阪府若者サポートステーション	06-4794-7266
	〒540-0031 大阪市中央区北浜東 3-14 エル・おおさか 3F	
大阪府 高槻市	北大阪地域若者サポートステーション	072-690-6080
	〒569-1141 高槻市氷室町 1-20-4	
兵庫県 姫路市	ひめじ若者サポートステーション	079-222-9151
	〒670-0012 姫路市本町 68-290 イーグレひめじ 1F	
兵庫県 神戸市	こうべ若者サポートステーション	078-232-1530
	〒651-0096 神戸市中央区雲井通 5-1-2 神戸市青少年会館内	
奈良県 奈良市	なら若者サポートステーション	0742-22-5006
	〒630-8213 奈良市登大路町 38-1 奈良県中小企業会館 2F	
岡山県 岡山市	おかやま若者サポートステーション	086-224-3038
	〒700-0901 岡山市本町 6-30 第一セントラルビル 2 号館 5F	
広島県 広島市	広島地域若者サポートステーション (若者交流館)	082-511-2029
	〒730-0013 広島市中区八丁堀 16-14 第二広電ビル 4F	
山口県 防府市	防府市若者サポートステーション	0835-28-3808
	〒747-0806 防府市石が口 1-8-8	

若者サポートステーション

都道府県	名称	TEL
	所在地	
徳島県 徳島市	徳島県若者サポートステーション	088-602-0553
	〒770-0831 徳島市寺島本町西1-7-1 日通朝日徳島ビル1F	
香川県 高松市	かがわ若者サポートステーション	087-811-5388
	〒760-0021 高松市西の丸町14-10 穴吹カレッジキャリアアップスクール6F	
愛媛県 松山市	えひめ若者サポートステーション	089-948-2832
	〒790-8587 松山市湊町5-1-1 いよてつ髙島屋南館3F	
高知県 高知市	こうち若者サポートステーション	088-844-3411
	〒780-8567 高知市朝倉戊375-1 高知県立ふくし交流プラザ4F	
福岡県 福岡市	福岡県若者サポートステーション	092-739-3405
	〒810-0001 福岡市中央区天神1-4-2 エルガーラ11F	
佐賀県 佐賀市	さが若者サポートステーション	0952-28-4323
	〒840-0826 佐賀市白山2-2-7KITAJIMAビル1F	
長崎県 長崎市	長崎若者サポートステーション	095-823-8248
	〒850-0057 長崎市大黒町3-1 長崎交通産業ビル5F	
熊本県 熊本市	くまもと若者サポートステーション	096-365-0117
	〒862-0903 熊本市若葉1-35-18 まちの駅2F	
大分県 大分市	おおいた地域若者サポートステーション	097-533-2622
	〒870-0037 大分市東春日町17-20 ソフトパーク内大分第2ソフィアプラザビル4F 大分ＮＰＯプラザ内	
鹿児島県 指宿市	若者サポートステーション　かごしま静活館	0120-54-1635 (フリーダイヤル)
	〒891-0405 指宿市湊4-21-3 なのはなビル1F	
沖縄県 北中城村	サポートステーション沖縄	098-935-5252
	〒901-2316 北中城村安谷屋1353 沖縄県農業協同組合北中城支店ビル2F	

参考文献

序章

Clark, R. W. (1971). *Einstein: The life and times.* New York: Thomas Y. Crowell.

Grandin, T. (1995). *Thinking in pictures and other reports from my life with autism.* New York: Vintage Books.（『自閉症の才能開発——自閉症と天才をつなぐ環』カニングハム久子訳、学習研究社、1997 年）

Grant, V. W. (1968). *Great abnormals.* New York: Hawthorn.

Guinagh, K. (1967). *Inspired amateurs.* Freeport, New York: Books for Libraries Press.

Ledgin, N. (2001). *Asperger's Syndrome and self-esteem.* Arlington, Texas: Future Horizons.

Sacks, O. (1995). Prodigies. *The New Yorker,* Jan. 9, 44-65.

第1章

Attwood, T. (1998). *Asperger's syndrome: A guide for parents and professionals.* London: Jessica Kingsley Publishers.（『ガイドブックアスペルガー症候群——親と専門家のために』冨田真紀、内山登紀夫、鈴木正子訳、東京書籍、1999 年）

Autism Research Institute（自閉症研究所、www.autism.com）.

Autism Society of America（アメリカ自閉症協会、www.autism-society.org）.

Bauman, M. L., & Kemper, T. L. (1994). *The neurology of autism.* Baltimore: Johns Hopkins University Press.

Cesaroni, L., & Garber, M. (1991). Exploring the experience of autism through first-hand accounts. *Journal of Autism and Developmental Disorders, 16,* 169-187.

Center for the Study of Autism（自閉症研究センター、www.autism.org）.

Courchesne, E. et al. (2001). Unusual brain growth patterns in early life in patients with autistic disorder. *Neurology, 57,* 245-254.

Narayan, S., Moyes, B., & Wolff, S. (1990). Family characteristics of autistic children: A further report. *Journal of Autism and Developmental Disorders, 20,* 523-535.

National Institutes of Health（アメリカ国立衛生研究所、www.nih.gov）.

Mayo Foundation for Medical Education and Research（メイヨー医療教育研究財団、www.mayoclinic.com）.

第2章

Alert Program（アラート・プログラム、www.alertprogram.com）.

Autism Research Institute（自閉症研究所、www.autism.com）.

Banker, S. (2003). *Personal interview. Children's Therapy Group.* Overland Park, Kansas.

Baron-Cohen, S. (2000). Is Asperger Syndrome / high-functioning autism necessarily a disability? *Development and Psychopathology, 12,* 489-500.

Coleman, R. S., Frankel, F., Ritvo, E., & Freeman, B. J. (1976). The effects of fluorescent and incandescent illumination upon repetitive behaviors in autistic children. *Journal of Autism and Developmental Disorders, 6,* 157-162.

Covey, S. (1990). *The seven habits of highly effective people.* New York: Simon & Schuster.（『7つの習慣——成功には原則があった！』ジェームス・スキナー、川西茂訳、キングベアー出版、1996 年）

Grandin, T. (1995). *Thinking in pictures and other reports from my life with autism.* New York: Vintage Books.（『自閉症の才能開発——自閉症と天才をつなぐ環』カニングハム

久子訳、学習研究社、1997 年）

Hardy, P. M. (1989). National Conference of the Autism Society of America. Seattle, Washington, July 19-22 （私的な対話）.

Hartmann, T. (1994). *Focus your energy: Hunting for success in business with Attention Deficit Disorder.* New York: Pocket Books.

Huggins, J. (1995). *Diagnostic and treatment model for managing SIB, rage and other hyperadrenergic behaviors in autistic / PDD and DD populations.* Aurora, Ontario, Canada: Kerry's Place.

Irlen, H. (1991). *Reading by the colors.* New York: Avery.

McKean, T.A. (1994). *Soon will come the light.* Arlington, Texas: Future Horizons. （『ぼくとクマと自閉症の仲間たち』ニキリンコ訳、花風社、2003 年）

Ratey, J. et al. (1987). Autism: The treatment of aggressive behaviors. *Journal of Clinical Psychopharmacology, 7,* 35-41.

Williams, D. (1992). *Nobody nowhere.* New York: Time Books. （『自閉症だったわたしへ』河野万里子訳、新潮社、1993 年）

Williams, M. S., & Shellenberger, S. (1996). *How does your engine run? A leader's guide to the alert program for self-regulation.* Albuquerque, New Mexico: Therapy Works.

第 3 章

Autism Society of America （アメリカ自閉症協会、www.autism-society.org）.

Bureau of Labor Statistics, U.S. Department of Labor （アメリカ労働省労働統計局）. *Occupational Outlook Handbook, 2002-03 Edition,* www.bls.gov/oco/.

第 4 章

Bolles, R. N. (2003). *What color is your parachute? A practical manual for job-hunters and career-changers.* Berkeley, California: Ten Speed Press. （『あなたのパラシュートは何色？——職探しとキャリア・チェンジのための最強実践マニュアル』リクルートワークス研究所監修、花田知恵訳、翔泳社、2002 年）

Kanner, L. (1971). Follow-up study of eleven autistic children originally reported in 1943. *Journal of Autism and Childhood Schizophrenia, 1,* 112-145.

Sinetar, M. (1987). *Do what you love, the money will follow.* New York: Dell. （『ワクワクする仕事をしていれば、自然とお金はやってくる』ヴォイス編、ヴォイス、1996 年）

第 5 章

Benjamin, J., Stanny, B., & Duffy, K. (1995). *How to be happily employed in Kansas City.* Kansas City, Missouri: Career Management Press.

第 6 章

Bureau of Labor Statistics, U.S. Department of Labor （アメリカ労働省労働統計局）. *Occupational Outlook Handbook, 2002-03 Edition,* www.bls.gov/oco/.

Grandin, T. (1999). *Choosing the right job for people with autism or Asperger's Syndrome.* Center for the Study of Autism （自閉症研究センター）. www.autism.org.

第 7 章

人物紹介ページの職業情報は、アメリカ労働省の *Occupational Outlook Handbook* ウェブサイト（www.bls.gov/oco/）より。この情報は、図書館のレファレンスコーナーにある書籍版の *Occupational Outlook Handbook* にも載っています。

監修者あとがき

　アスペルガー症候群という障害は、今から60年以上も前の1944年、オーストリアの小児科医であるハンス・アスペルガーが5人の症例を発表したドイツ語の論文を、1981年、イギリスの精神科医ローナ・ウイングが英文で紹介してから一般に知られるようになりました。アスペルガーの論文が発表された1年前の1943年には、アメリカの児童精神科医レオ・カナー博士が11人の症例に自閉症という用語を初めて用いて報告したのですが、くしくもほぼ同時期にアスペルガー博士も自閉症あるいは自閉性特質といった用語を用いたのでした。

　1944年というと、第二次世界大戦末期であり、当時のオーストリアはドイツ帝国に属しており、政権は国家社会主義ドイツ労働者党、すなわちナチス党が掌握していました。ナチスはホロコーストで数多くのユダヤ人を虐殺しましたが、ユダヤ人だけではなく多くの障害者もアーリア人種にはふさわしくないという理由でガス室送りにしました。ハンス・アスペルガーが5人の自閉的傾向のある子どもたちを、障害という表現ではなく、性格の偏りというかたちで発表したのは、そういった背景があったからかもしれません。

　そのアスペルガー症候群は、アメリカ精神障害診断統計マニュアル、いわゆるＤＳＭの第4版では広汎性発達障害の中に、自閉性障害やレット障害、小児期崩壊性障害および特定不能の広汎性発達障害と並んで記載されています。しかしながら、現在では自閉症とアスペルガー症候群の間に明確な分類をすることが困難であり、それらは連続体としてつながっているため「自閉症スペクトラム」という表現が使われるようになってきました。現在ではこのような表現が適切であると考えられています。ただ、カナー型自閉症が一般に知的障害を伴う自閉症に使用されるのに対し、アスペルガー症候群はコミュニケーションに障害がない、比較的知的に問題のない高機能自閉症と同義に使われています。

　知的に問題がないアスペルガー症候群の人たちは、特殊教育を受けるこ

とが少なかったため、一般の小学校、中学校、高校、そして大学へ進む人もいます。しかしながら、自閉症スペクトラムであるため、対人関係をうまく築けず、またコミュニケーションにおいても一方的に話をしたり、人の話を聞くことができないなどの特性を所有しているため、学校ではいじめにあったり無視されたりすることが多いのです。そのため、二次障害を引き起こし、不登校や引きこもり、あるいは非行に走る症例も報告されています。学校在学中はまだしも、学校卒業後の就労においては、ペーパー試験はできるものの面接で落とされることがあり、またうまく就職できたとしても対人関係でトラブルが生じ、離職・転職を繰り返してしまうことも多いのです。それは、アスペルガー症候群という障害が世間一般に理解されていないため、障害としてではなく変わった性格、わがままな性格、場の空気が読めないなどと捉えられてしまうことが一因と考えられます。その結果、適職に就くことができず、ニートやフリーターと言われるワーキングプアーの状態となっている人が多いのも事実です。

　しかしながら、アスペルガー症候群の中には、極めて高い能力を示す人の事例も報告されています。本著の著者テンプル・グランディンもその一人ですが、本書で示されたアインシュタインやゴッホの他に作曲家のモーツァルト、科学者のニュートン、政治家のトマス・ジェファソン、哲学者のヴィトゲンシュタイン、建築家のガウディなどもアスペルガー症候群ではなかったかと報告されています。彼らはみな、人と関わるのは得意ではなく、自分の生き方をつらぬいた人たちであり、自閉症の特徴を所持していました。しかし彼らの天才は自閉症スペクトラムの特質をもっていたが故にあのような素晴らしい業績を残せたのだと思われます。

　このように素晴らしい業績を残した偉人たちがいるにもかかわらず、職に就けず、社会参加が困難なアスペルガー症候群の人たちが存在するのは、ジョブマッチングに起因するものと思われます。つまり、偉人たちは自分の才能を表現できる仕事に就くことができたからそのような業績を残せたのですが、彼らが違う仕事をさせられたとしたら、果たしてあのような業績を残せたかどうか疑問です。

　本書では、アスペルガー症候群の人たちにマッチする16の職種が紹介さ

れています。これ以外にも多くの可能な仕事があるものと思われます。しかしながら、ここに示された16の職種はいずれも対人関係を必要とするというよりも、専門的技術が必要な職種といえるでしょう。つまり、自閉症スペクトラムの人たちにとっての適職の分野だと考えられます。現在、わが国には約30,000種の職種があると言われています。30,000種の職種があれば、きっと自閉症スペクトラムの人たちにマッチする仕事があるものと思われます。ジョブマッチングを図るためには、自閉症スペクトラムの人本人だけではなく、本書で示されたメンターとなる人たちのサポートも必要となるでしょう。

　そういう意味で本書は、自閉症スペクトラムの人のみではなく、保護者や進路担当教師、ハローワーク職員、障害者職業カウンセラー、ジョブコーチなどに極めて役に立つマニュアルとなるものと思います。そのようなメンターたちが彼らに見合った職種を探し、就職のためのサポートを行うことによって、彼らの才能を十二分に伸ばすことができ、素晴らしい社会貢献を果たすことができるようになることを願ってやみません。

　最後になりましたが、本書の出版において用語の訳や日本版にする上での内容の吟味において、お互いに納得できるまで何度もやりとりをし、ご尽力いただいた明石書店の森本直樹氏には心から感謝を申し上げます。どうもありがとうございました。

　平成20年5月

　　　　　　　　　　　　　　　宇都宮大学研究室にて　梅永雄二

【著者紹介】
テンプル・グランディン（Temple Grandin）
世界各地の家畜扱い施設を設計する動物科学者であり、コロラド州立大学で動物科学を教えている。自閉症に関する講演を頻繁に行っているほか、『我、自閉症に生まれて』『自閉症の才能開発――自閉症と天才をつなぐ環』（邦訳はいずれも学習研究社刊）などの出版物を著している。

ケイト・ダフィー（Kate Duffy）
著述を請け負う企業を所有し、著述およびビジネスのインストラクターも務めている。

【監修者紹介】
梅永雄二（うめなが・ゆうじ）
早稲田大学教育・総合科学学術院教授。1955年生まれ。慶應義塾大学文学部社会・心理・教育学科教育学専攻卒。筑波大学大学院修士課程教育研究科障害児教育専攻修了。雇用促進事業団身障部（現、高齢・障害者雇用支援機構）障害者職業センター障害者職業カウンセラーなどを経て、現職。
著書に『自閉症の人の自立をめざして』（北樹出版）、『こんなサポートがあれば（1、2）』『自閉症者の就労支援』『LDの人の就労ハンドブック』（以上、エンパワメント研究所）、『自閉症の人のライフサポート』『自立をめざす障害児者教育』（福村出版）など多数。

【訳者紹介】
柳沢圭子（やなぎさわ・けいこ）
上智大学外国語学部英語学科卒。翻訳業。訳書に、『自殺で遺された人たち（サバイバー）のサポートガイド』『きこえの障がいってなあに？』（以上、明石書店）、『ろう文化の歴史と展望』（明石書店・共訳）、『図説ウィリアム・シェイクスピア』（大英図書館・ミュージアム図書共同出版・共訳）などがある。

アスペルガー症候群・高機能自閉症の人のハローワーク
能力を伸ばし最適の仕事を見つけるための職業ガイダンス

2008年6月20日　初版第1刷発行
2016年1月11日　初版第9刷発行

著　者	テンプル・グランディン
	ケイト・ダフィー
監修者	梅永雄二
訳　者	柳沢圭子
発行者	石井昭男
発行所	株式会社明石書店

〒 101-0021　東京都千代田区外神田 6-9-5
Tel. 03-5818-1171　Fax.03-5818-1174
振替 00100-7-24505
http://www.akashi.co.jp

組版・装丁	明石書店デザイン室
印刷	株式会社文化カラー印刷
製本	協栄製本株式会社

ISBN 978-4-7503-2806-5

(定価はカバーに表示してあります)

アスペルガー症候群の人の仕事観
障害特性を生かした就労支援

サラ・ヘンドリックス 著
梅永雄二 監訳　西川美樹 訳

〈A5判／並製〉
◎1800円

アスペルガー症候群の人の仕事観を理解し、共感することによって、本人の障害特性を生かした、より適切な就労支援につなぐことができる。本人・家族・支援者・企業・大学関係者など、アスペルガー症候群の人の就労に関わるすべての人に気づきを与える好著。

内容構成
- 第1章　アスペルガー症候群は就労や日常生活にどう影響するか
- 第2章　仕事がうまくいかないとき
- 第3章　アスペルガー症候群と就労——うまくいく場合とその理由
- 第4章　子ども時代の経験とプライベートの生活環境
- 第5章　仕事を見つけるには
- 第6章　指導と訓練——個人や支援機関に対する専門家の支援
- 第7章　仕事を成功させる秘訣

仕事がしたい！　発達障害がある人の就労相談
梅永雄二 編著
◎1800円

書き込み式　アスペルガー症候群の人の就労ハンドブック
ロジャー・N・メイヤー 著　梅永雄二 監訳
◎2200円

先生がアスペルガーって本当ですか？
現役教師の僕が見つけた幸せの法則
ゴトウサンパチ 著
◎1600円

Q&A 大学生のアスペルガー症候群
理解と支援を進めるためのガイドブック
福田真也 著
◎2000円

写真で教えるソーシャル・スキル・アルバム 〈青年期編〉
自閉症のある人に教えるコミュニケーション、交友関係、学校・職場での対応
ジェド・ベイカー 著　門眞一郎、佐々木欣子 訳
◎2000円

発達障害と思春期・青年期　生きにくさへの理解と支援
橋本和明 編著
◎2200円

自閉症スペクトラム障害のある人が才能をいかすための人間関係10のルール
テンプル・グランディン、ショーン・バロン 著　門脇陽子 訳
◎2800円

自閉症百科事典
ジョン・T・ネイスワース、パメラ・S・ウルフ 編
萩原拓 監修　小川真弓、徳永優子、吉田美樹 訳
◎5500円

〈価格は本体価格です〉